HÉROS DE CARENTAN

Denis van den Brink

HEIMDAL

Conception : Georges Bernage

Texte : Denis van den Brink

Prépresse : Christel Lebret

Réalisation et Maquette : Heimdal

Mise en pages et couverture : Nicolas Bucourt

Editions Heimdal
BP 61350 - 14406 BAYEUX Cedex
Tél. : 02.31.51.68.68 - Fax : 02.31.51.68.60
site internet : www.editions-heimdal.fr

ISBN 978-2-840485-377

Abbréviations militaires US :

AA : *Anti Aircraft*, DCA, : anti-aérien

AEAF : *Allied Expeditionary Air Force* : Forces Aériennes Alliées et expéditionnaires

ATC : *Air Transportation Command* : Commandement du Transport Aérien

ATS : *Auxiliary Territorial Service* : Auxiliaire du service Territorial

AWOL : *Absent Without Leave* : déserteur

BOQ : *Bachelor Officers Quarter* : quartier des officiers célibataires

CG : *Commanding General* : Commandant en chef

CO : *Commanding Officer* : Commandant

COSSAC : *Chief Of Staff Supreme Allied Commander* : Etat-Major du Commandant Général des Forces Alliées

DOW : *Died of Wound* : mort de ses blessures

DP : *Displaced Person* : personne déplacée

DZ : *Drop Zone* : zone de largage

EM : *Enlisted Man* : homme de rang

ETO : *European Theater of Operation* : Théâtre d'Opérations Européen

FAAA : *First Allied Airborne Army* : Première Armée Aéroportée Alliée

FO : *Flight Officer* : Officier de l'Air

GI : *Government Issue* : Propriété du Gouvernement

GIR : *Glider Infantry Regiment*

H&H : *Headquarters & Headquarters Company* : Quartier général et compagnie de commandement

S-1, S-2, S-3, S-4, tous officiers. Abbréviations des sections d'un état-major : (S- 1 Personnel, S-2 Intelligence, S-3 Operations, S-4 Supply, S-5 Civil Affairs)

IP : *Initial Point* : Point de départ

KIA : *Killed in Action* : tué au combat

KP : *Kitchen Police* : corvée de cuisine

LST : *Landing Ship Tanks* : Embarcation de débarquement de chars

LCVP : *Landing Craft Vehicle & Personnel* : Embarcation de débarquement d'hommes et de véhicules

LZ : *Landing Zone* : zone de débarquement

MIA : *Missing In Action* : disparu au combat

MOS : *Military Occupation Specialisation* : Spécialisation d'occupation militaire

MP : *Military Police* : police militaire

MTO : *Mediterranean Theater of Operation* : Théâtre d'Opérations de la Méditerranée

NCO : *Non Commissionned Officer* : Sous-officier

NMI (ou NMN) : *No Middle Initial ou Name* : Pas de second prénom

OCS : *Officers Candidate School* : Ecole des officiers

OD : *Olive Drab* : Vert Olive

OSS : *Office of Strategic Service* : Bureau des Opérations stratégiques

PCT : *Parachute Combat Team* : Groupement de combat aéroporté

PFAB : *Parachute Field Artillery Battalion* : groupe d'artillerie aéroporté

PIR : *Parachute Infantry Regiment* : régiment de chasseurs parachutistes

POE : *Port of Embarkation* : port d'embarquement

PX : *Post Exchange* : magasin d'approvisionnement militaire

R&R : *Rest and Rehabilitation* : Centre de repos et de reconstitution des effectifs

ROTC : *Reserve Officers Training Corps* : Corps d'entraînement des officiers de réserve

SHAEF : *Supreme Headquarters Allied Expeditionnary Force* : Quartier général Suprême des Forces expéditionnaires Alliées

SOP : *Standart Operating Procedure* : Procédure de fonctionnement standard

TCC : *Troop Carrier Command* : Commandement des Transporteurs de troupes

TCG : *Troop Carrier Group* : Groupement de transporteurs de troupes

TCS : *Troop Carrier Squadron* : Escadron de transporteurs de troupes

TCW : *Troop Carrier Wing :* Escadre de transporteurs aériens

TO : *Table of Organisation* : Tableau d'organisation

USO : *United service Organisations* : Organisations des services à l'Armée

WAC : *Women's Army Corps* : Corps des Femmes dans l'Armée

XO : *Executive Officer* : Officier en second

CARENTAN
LES MARAIS
PORTE DU COTENTIN

Préface par Thomas Rice, C/501st 101st Airborne Division

Le dernier héros de La Barquette

La conscience du danger fait réfléchir !

Pour moi, Carentan est important car c'est là que je suis devenu « un combattant parachutiste aguerri ». Tous nos officiers sortaient de West Point, formés à la théorie. Ils nous ont enseigné l'art ancestral de la guerre : saisir des poissons à la main et effrayer les tigres à dents de sabre !

Nos officiers nous mettaient constamment en simulation de danger et de chaos lors de nos entraînements quotidiens, au point que nous envisagions le combat avec impatience. Nous avons développé d'importantes qualités lors de notre formation : la condition physique, la résistance au sommeil, l'attention portée à nos camarades, le partage de toutes nos possessions, y compris les lettres, et le courage. Nous placions ces vertus dans les coins les plus reculés de nos cerveaux, là où les hommes ne vont que rarement, et nous les gardions pour nous.

Nous sommes allés et avons enduré le combat grâce à toutes les choses importantes que nous avons apprises à l'entrainement. Lorsque j'ai sauté en Normandie, j'étais prêt, et je me suis rappelé toutes ces vertus en sautant.

Dès que je suis sorti de l'avion, je me suis trouvé en danger mortel et en plein chaos, accroché à la porte du C-47 qui volait trop bas pour me permettre de sauter. Cette expérience m'a appris, pour le restant de ma vie, que je serai toujours en situation de danger et de chaos, et que je devais constamment me rappeler les vertus significatives que j'avais apprises à l'entraînement pour m'en sortir.

Une fois au sol, près de Carentan, je me suis trouvé en première ligne, à mener des patrouilles. Nous étions la plus exclusive des familles que l'on puisse imaginer, car nous étions élitistes et bien entraînés. Personne ne voulait mener des patrouilles. J'avais l'impression d'être la pointe de l'épée, fort de mon entraînement, en train d'ouvrir la voie. Cela m'a aussi préparé aux durs combats à venir.

Le combat donnait l'impression d'un jeu, joué par des soldats. C'était comme un jeu de dé, ou de gendarmes et de voleurs, de chat et de la souris. Nous étions là pour chasser l'occupant, et s'il refusait de partir, nous devions l'attraper et le tuer. Les Allemands disaient : « Rions aujourd'hui, et tuons demain ! ». Nous répondions : « Nous tuons aujourd'hui, et rirons demain ! »

Je suis revenu de Normandie et de Carentan riche d'une grande expérience. Je peux à tout moment me rappeler les choses importantes stockées dans mon esprit, et supporter et dépasser toutes les situations de l'existence. Ce qui se passe au combat est très similaire aux turpitudes de la vie, et la sagesse apprise au combat rend la vie supportable.

Après la guerre, beaucoup d'entre nous ne pouvaient même pas en parler. Certains s'en sont éloignés, d'autres ont tenté de tout oublier et n'ont jamais essayé de conserver les importantes vertus que nous avions apprises.

En rentrant de l'armée, je me suis débarrassé de tous mes effets militaires, ai changé de façon de m'exprimer, et ai eu un deuxième rendez-vous avec mon destin, l'enseignement. Je n'ai pas eu de regrets des jours passés. J'étais encore jeune, 24 ans à la fin du conflit. Et pourtant j'avais une expérience considérable de l'art du combat.

Nous n'étions pas une bande de sauvages venus conquérir et dépouiller les Français de leurs richesses. Nous remboursions simplement les dons de Liberté, d'Egalité, et de Fraternité apportés chez nous par Lafayette et Rochambeau. N'oublions jamais.

Thomas M. Rice

Avant Propos

Méconnue, mal comprise, la libération de Carentan en juin 1944 n'est pas une simple anecdote parmi les mille et un hauts faits d'armes du Débarquement ou de la bataille de Normandie. Elle a fait l'objet, du 9 au 13 juin 1944, de combats d'une rare férocité, et d'une envergure qui s'apparente à une bataille de plein exercice, de par sa complexité et de par l'ampleur des moyens déployés par les deux belligérants, allemands et américains, pour prendre et défendre cette ville si stratégiquement positionnée entre les deux têtes de pont américaines d'*Omaha* et d'*Utah Beach*, entre les deux Corps d'armée US, le *Vth* du *General* Leonard Townsend Gerow et le *VIIth* du *General* Joseph «Lightning Joe» Lawton Collins, aux portes des marais du bas Cotentin.

La prise de Carentan n'était pas un objectif initial du Jour J de la *101st Airborne Division*, dont les quatre régiments devaient, dans un premier temps, sécuriser les abords de la plage d'*Utah Beach* et faciliter le débarquement de la *4th Infantry Division,* en bloquant toutes tentatives allemandes d'accéder à la tête de pont. Ce n'est qu'au soir du 8 juin 1944, après la prise de Saint-Côme-du-Mont, que le haut commandement américain, avec Eisenhower et Bradley, réalise que les *Screaming Eagles* tiennent un front continu le long de la Douve face à Carentan, et se trouvent ainsi en situation idéale pour attaquer et prendre la ville. Le général Maxwell Davenport Taylor, commandant la *101st Airborne* va employer l'intégralité de sa division, théoriquement forte de 14 200 hommes, avec ses quatre régiments aérotransportés, *(502nd, 506th, 501st PIR, 327/401st GIR)* mais aussi toutes ses unités de soutien, ses quatre batteries d'artillerie aérotransportée, son Génie *(326th AEB)*, ses unités médicalisées, sa logistique, venues par la mer… pour encercler la ville et en chasser l'opiniâtre *F.J. Regt. 6*, les parachutistes allemands du *Major* Friedrich von der Heydte.

Décimés, exténués, et à court de munitions, les *Fallschirmjäger* évacueront finalement la ville dans la nuit du 11 au 12 juin, mais pour y revenir dès le 12 juin après-midi avec le soutien des éléments précurseurs d'une division de panzergrenadiers, la *17. SS « Goetz von Berlichingen »*. L'affrontement prendra, le 13 juin, une tournure épique avec l'arrivée salvatrice de la cavalerie américaine préfigurée en l'occurrence par le *Combat Command A* de la *2nd US Armored Division.* Les Sherman du général Maurice Rose vont violemment bousculer les canons automoteurs et les grenadiers allemands le long des routes d'Auvers et de Périers pour délivrer définitivement Carentan de l'emprise allemande. Les pertes militaires, tant allemandes qu'américaines seront considérables. Mais la ville et ses habitants auront aussi terriblement souffert. La Navy américaine et ses gros croiseurs *USS Quincy* et *USS Texas* tireront sans discontinuer sur la ville dans la nuit du 11 juin, infligeant de terribles pertes et destructions à la ville.

Ces faits d'armes méritent un examen exhaustif afin que l'ampleur, l'importance stratégique et les sacrifices consentis ne sombrent pas dans l'oubli. Mieux qu'un récit chronologique, les témoignages vécus des acteurs américains de la bataille (1) permettent de situer et de fixer les nombreux faits d'armes qui constituent la bataille de Carentan. 6 670 parachutistes appartenant à la *101st Airborne* ont été éparpillés peu après minuit le 6 juin 1944 sur un vaste secteur de près de 30 km² incluant la ville de Carentan, de Valognes jusqu'à Saint-Georges-de-Bohon, et parfois même jusqu'aux portes de Cherbourg pour les infortunés artilleurs du *377th PFAB.* Le reste de la division est arrivé partiellement par planeurs, mais surtout, par mer en débarquant à *Utah Beach*. Chaque histoire personnelle est une épopée en soi. Ce livre rassemble, modestement, une poignée de ces aventures individuelles, jetant un éclairage profondément humain sur ce que fut la complexité et la violence des combats pour la libération du bas Cotentin et de Carentan.

Drapeau de la *101st Airborne Division* offert à la ville de Carentan dans les années 50…

(1) Les combats des *Fallschirmjäger* de von der Heydte, ont été présentés dans les *Lions de Carentan*, Heimdal.

Témoignages pour l'Histoire

Ce nouvel opus vient s'inscrire dans la lignée d'ouvrages publiés par les Editions Heimdal, fondées en 1975, et qui se sont établies une réputation internationale, depuis plus de quarante ans, quant aux ouvrages consacrés au Débarquement et à la Bataille de Normandie. Le secteur de Carentan y a joué un rôle déterminant. Dès le Moyen Âge, cette cité, alors fortifiée, constitue un point de passage obligé entre le Bessin, à l'est, le secteur de Saint-Lô, au sud-est, et la Presqu'île du Cotentin (1).

Le 6 juin 1944, cette péninsule se dressant au milieu des marais, inondés par les Allemands, devenait une position déterminante pour joindre la tête de pont aéroportée et *Utah Beach* au secteur de débarquement d'*Omaha Beach*. Et l'intuition de Hitler, quant à un débarquement allié dans le secteur de « Cherbourg et de la Presqu'île du Cotentin » (2), l'avait amené à renforcer ce secteur, en y amenant la *352. Infanterie-Division* au sud du futur secteur d'*Omaha Beach* - division non détectée par les Alliés -, mais aussi la *91. Luftflande-Division*, au cœur de la Presqu'île du Cotentin, amenant les Alliés à modifier leurs plans, le 27 mai - l'une des deux divisions aéroportées US (la 82e) devait être initialement larguée à l'ouest de la presqu'île. Et, surtout, pour le sujet qui nous intéresse ici, un régiment de parachutistes, le *Fallschirmjäger-Regiment 6* du *Major* Friedrich baron von der Heydte est transféré ici depuis l'Allemagne, le 11 mai 1944, moins de quatre semaines seulement avant le Jour J, au sud-ouest de Carentan, à proximité de la *91. Luftflande-Division*, dont il dépend pour son approvisionnement (3). Le PC du régiment est alors à Gonfreville, au nord de Périers, le *I.Bataillon* (*Hauptmann* Emil Preikschat), dans la région de Saint-Jores et du Mont Castre, le *II.Bataillon* (*Hauptmann* Rolf Mager), près de Lessay, et le *III.Bataillon* (*Hauptmann* Trebes), entre Carentan et Périers. Ainsi, ces renforts allemands, arrivés peu de temps avant le débarquement, seront les plus durs adversaires du corps expéditionnaire américain le Jour J. Sur *Omaha Beach*, sans la *352.ID*, le maigre rideau de troupes de la 716e aurait cédé rapidement, laissant un front quasiment béant jusqu'à Saint-Lô. Dans le Cotentin, la *91.LLD* a fortement compliqué la mission des troupes aéroportées, qui devront combattre pour La Fière, Pont-l'Abbé et Saint-Sauveur-le-Vicomte.

Et les paras de von der Heydte seront des adversaires particulièrement redoutables. Sans eux, la prise de Carentan n'aurait été qu'une formalité et la division motorisée *Götz von Berlichingen,* arrivée trop tard, aurait été bloquée bien plus au sud. Ainsi, la « Bataille de Carentan » est devenue une épopée car ce fut, par le hasard des circonstances, un combat de l'élite : celle des USA avec les paras de la 101e, et celle de l'Allemagne, avec ceux du

Sur cette exceptionnelle photo, prise le 17 mai 1944, lors de la dernière visite du maréchal Rommel en Cotentin, moins de trois semaines avant le Jour-J, celui-ci rend visite au *Fallschirmjäger-Regiment 6*, alors qu'il était venu inspecter la *91.Luftlande-Division* du général Wilhelm Falley, considérée comme essentielle face à l'*Invasion* prévue… Cette division, un bataillon de chars - la *Panzer-Abteilung 100* qui interviendra au pont de La Fière — et les paras de von der Heydte seront des renforts arrivés moins d'un mois avant le Débarquement, suite à l'intuition et aux ordres de Hitler, qui était le seul à croire à un débarquement en Normandie, et qui avait réussi à convaincre Rommel, face à l'inertie… ou la complicité en faveur des Alliés pour certains, du haut commandement allemand. Sur cette photo, le maréchal Rommel salue quelques importants officiers du 6e Régiment de paras, de gauche à droite : le *Hauptmann* Rolf Mager (*Kdr.* IIe bataillon, croix de chevalier le 31 octobre 1944, mort le 1er janvier 1945), portant sa double bande *(Afrika* et *Kreta)* sur la manche gauche de sa blouse de saut bariolée, l'*Oberleutnant* Helmut Wagner (*Kdr.* de la 9e compagnie et titulaire de la croix de chevalier le 24 janvier 1942 - il sera tué par un tir d'artillerie, à Saint-Côme-du-Mont, le 7 juin) et un *Leutnant*, non identifié, portant la bande de manche *Kreta* sur sa blouse bariolée. Derrière le maréchal Rommel, se tient le *Hauptmann* Horst Trebes, *Kommandeur* du IIe bataillon, croix de chevalier de la croix de fer au cou obtenue le 9 juillet 1941, suite à son rôle en Crète, tué en Normandie le 29 juillet. Ce sont là des vétérans, officiers d'exception, une élite prête à affronter une autre élite dans un combat qui passera à l'Histoire… (Coll. part.)

6e Régiment. Ce fut une bataille acharnée entre les meilleurs, les *Fallschirmjäger*, surclassés numériquement - alignant alors moins de deux bataillons après leur désastre de *Hell's Corner* - et à court de munitions, qui durent se replier et auront ainsi acquis le surnom de « Lions de Carentan ». Ce sont face à ces combattants que les paras américains acquirent la gloire militaire aboutissant à la conquête de la cité où avaient séjourné, quelques siècles plus tôt, des souverains médiévaux comme Henri II Plantagenêt ou Jean Sans Terre !

Enfin, saluons ce travail de Denis van den Brink qui, vient ici, par ces exceptionnels témoignages rassemblés en une série de portraits, compléter l'action éditoriale que notre maison a accompli sur ce secteur et, tout d'abord, avec *Objectif Carentan* (4), qui reste l'ouvrage de synthèse historique sur la chronologie des combats. Le présent ouvrage en est le complément indispensable. Incontournables aussi sont les deux ouvrages de Mark Bando, plus généraux mais rédigés par un auteur qui rencontra des centaines d'anciens combattants de la 101e Airborne (5). Enfin, rappelons les valeureux adversaires des «*Screaming Eagles*», l'ouvrage sur les *Lions de Carentan*. (6) Vous aurez ainsi à votre disposition des documents pour l'histoire. Le présent ouvrage a été rendu possible grâce aux nombreux contacts que Denis van den Brink a entretenu avec de nombreux anciens combattants, alors que les derniers survivants restent les ultimes témoins.

Georges Bernage
Historien et éditeur

(1) Voir *Vikland* n°28, consacré à Carentan, cité médiévale, Heimdal, février 2019.

(2) Ainsi que le rappelait, dès 1948, Basil H. Liddell Hart, dans un ouvrage publié en anglais et traduit alors en français, récemment réédité - voir pages 462 à 468 de *Les généraux allemands parlent*.

(3) Voir p. 31 de l'ouvrage *Les Lions de Carentan*, Heimdal, 2005, ouvrage de Volker Griesser.

(4) Georges Bernage, *Objectif Carentan*, Editions Heimdal, 2010, 2e édition : 2016.

(5) Mark Bando, *La 101st Airborne Division dans la Seconde Guerre mondiale, «Vanguard of the Crusade »*. Heimdal, 2012 et 2e édition : 2018, et *Histoire secrète de la 101st Airborne Division, « Avenging Eagles »*, Heimdal, 2014.

(6) Provisoirement épuisé.

Sommaire

A son activation en août 1942, la *101st Airborne Division* décide de reprendre pour logo l'aigle américain de la 101e division lorsqu'elle n'était qu'une unité de la garde nationale, visuel inspiré de la mascotte du 8e régiment du Wisconsin, ancêtre de la 101e Division, et qui était suivi au combat lors de la Guerre de Sécession par *Old Abe*, un *Bald Eagle* américain. La nouvelle *101st Airborne Division* se dote immédiatement de sa propre mascotte, un aigle dénommé *Young Abe*, et qui mourra mystérieusement peu après.

1. Paras dans la nuit

Major General Maxwell Davenport Taylor, Commandant en chef de la _101st Airborne Division_. Le général diplomate !

Né le 26 août 1901 à Keynesville, petite ville dans le centre nord du Missouri, Maxwell Davenport Taylor était fils unique. Son père était avocat pour le compte d'une compagnie ferroviaire. Il a été toute sa jeunesse bercé par les histoires de la guerre de Sécession que lui contait son grand-père maternel qui s'était battu pour la Confédération. « *A 5 ans,* » écrira-t-il plus tard, « *j'ai décidé d'aller à West Point* ». Taylor était un grand orateur, dès ses premières années à la Northeast High School de Kansas City, collège où il obtient son diplôme à l'âge de 15 ans. Il entre ensuite au Kansas City Junior College. C'est là qu'il tente les examens pour l'United-States Military Academy et la Naval Academy. Bien qu'il soit brillant en latin, grec et espagnol, ses connaissances en géographie sont trop limitées et il rate l'examen d'entrée à Annapolis. Il dira plus tard : « *Si le détroit de Malacca avait été en Europe, j'aurais été amiral plutôt que général.* » A West Point, il est un cadet avec grade de capitaine, rédacteur en chef du journal des étudiants et il obtient son diplôme en 1922, plus jeune cadet de sa classe et pointé 4e en résultats académiques. *2nd Lieutenant* dans le *Corps of Engineers*, il entre à la Engineers School de Virginie l'année suivante, avant d'être assigné dans le Maryland, à Hawaï puis dans l'état de Washington. Dans les années suivant la Première Guerre mondiale, avant que les Etats-Unis ne décident de réarmer, l'avancement est lent dans l'armée régulière. Avec le grade de *Lieutenant*, il est transféré au *10th Artillery* en 1926, et n'atteint le grade de capitaine qu'en 1935.

Auparavant, remarqué comme officier brillant, il est envoyé à Paris où il perfectionne son français. A son retour, il est nommé à West Point comme professeur de français et d'espagnol. Après deux ans à la Command and General Staff School de Fort Leavenworth, il est envoyé en poste à l'ambassade américaine de Tokyo pour y apprendre le japonais. En 1939, il est attaché militaire à Pékin. Après un cours à l'Army War College en juin 1940, il accompagne le général Matt Ridgway en inspection dans neuf pays d'Amérique latine, et est nommé à la tête d'un groupe *(Battery)* d'artillerie. A la déclaration de guerre, il est chef d'Etat-Major de Ridgway, avec rang de colonel. En décembre 1942, il devient *Brigadier General* et commande l'artillerie d'une célèbre division... la *82nd Airborne*, avec laquelle il débarque en Afrique du Nord en mai 1943.

Fin septembre 1942, Matt Ridgway, *Commanding Officer* de la toute nouvelle *82nd Airborne Division*, décide d'inspecter son régiment parachutiste, le *504th PIR* à Benning. Il décide aussi que c'est l'heure pour lui d'affronter la singularité de sa division : le saut en parachute ! Tout son état-major est volontaire, Joe Swing, Bud Miley (ADC) Doc Eaton, Bill Moorman, Don Faith, aide de camp historique de Ridgway... et Maxwell Davenport Taylor, *Division Artillery Commander*. Le futur *Commanding Officer* de la *101st AB*, a tout simplement détesté ; « *Je devais être ivre lorsque je me suis porté volontaire pour ce saut !* » Julian Ewell, futur CO du *3/501st*, jumpmaster lors de ce saut à Benning, qui a sauté tout de suite après Taylor, raconte que son boss a atterri... la tête la

Ci-dessous : le *Major General* Maxwell Davenport Taylor, photographié aux environs du 20 juin 1944 le long du bassin à flot à Carentan où l'état-major de la *101st Airborne Division* a cherché refuge devant la poursuite et l'intensité des bombardements allemands sur la ville après sa libération.

Ci-dessous, à droite : alors qu'il n'est que *Brigadier General*, et commandant de l'artillerie de la *82nd Airborne Division*, Max Taylor, suite à sa mission secrète à Rome en septembre 1943, pour sonder les intentions des Italiens et envisager une intervention aéroportée américaine sur Rome *(Operation Giant II)*. Il reçoit, des mains du maréchal Badoglio, la reddition des forces italiennes.

première ! Max Taylor n'effectuera, semble-t-il, en tout et pour tout, que trois sauts durant la Seconde Guerre mondiale. Après ce saut initiatique « stateside », il effectuera son deuxième saut au combat en Normandie, puis en Hollande lors de l'opération *Market*. Pour la Normandie, il décolle de Weltford Park, à bord de l'avion N°1 du serial 13, *435th TCG*, *Lt Col* Frank Mc Neese *commanding*, et pilote de l'avion. Max Taylor a avec lui 7 MPs, son *radio Operator* George Koskimaki, son aide de camp, un Medic. Le jumpmaster est le G-3 de la division, le *Major* Lawrence « Larry » Legere, qui sera grièvement blessé à Pouppeville. Le correspondant de Reuters News Agency Robert Reuben est du voyage. Parachutiste breveté à Chilton Foliat, il va lui aussi sauter en Normandie. Taylor deviendra à ce moment de l'Histoire le premier général à sauter en opération. Trois petits détails curieux marquent ce deuxième saut du chef historique de la *101st Airborne Division* : Il a emporté un petit matelas gonflable, et a ainsi pu piquer un petit somme durant le vol. Il emportait également une bonne bouteille de whisky dans sa musette. Quelques jours avant le saut, il dispute une partie de racket ball avec son vieux pote, le colonel Frank « Froggie » Reed... et se blesse sérieusement au tendon du pied. Il atterrira ainsi sur sa seule jambe gauche en Normandie, et boitera bas durant toute la première semaine de l'invasion...

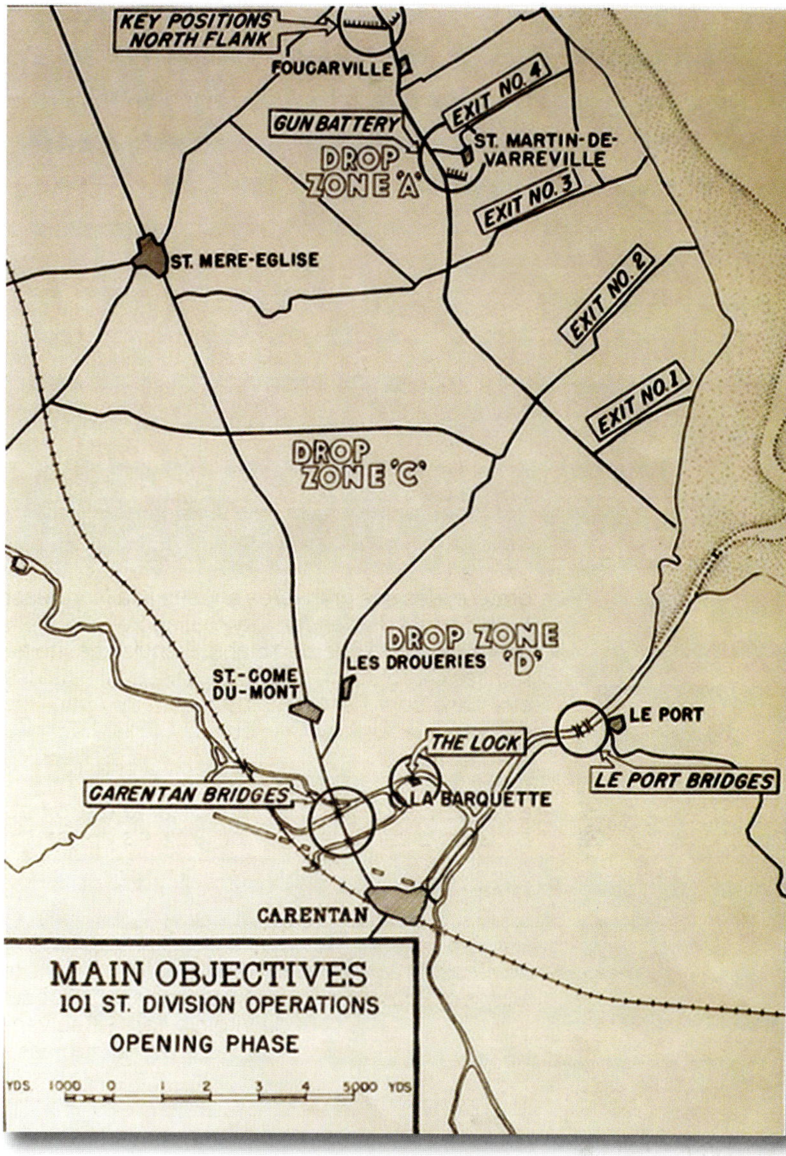

Gerald J. Higgins, *Assistant Division Commander ; 101st Airborne*

Gerald Joseph Higgins, West Point Class 1934, né le 29 août 1909. Il est de ces hommes méconnus, soldat de l'ombre, dont la contribution à l'Histoire est pourtant considérable. Les historiens s'accordent à dire que c'est lui, en étroite collaboration avec William Carey Lee, puis avec Max Taylor, qui a forgé la *101st Airborne*. Son parcours est étonnant. Il entre à West Point sans préparation comme homme du rang à partir de l'armée régulière. Dix ans plus tard, il sera général ! Il débute sa carrière à Presidio en 1937 comme *Commanding Officer, 30th Infantry Regiment* avec rang de capitaine. C'est là qu'il trouve une annonce demandant des volontaires pour les parachutistes. Il intègre le *501st Parachute Infantry Battalion* en février 41. Il devient l'un des pionniers de l'US Airborne. En décembre de la même année, il entre au *Provisional Parachute Group*, ancêtre de l'*Airborne Command*, sous les ordres de Bill Lee. Sa carrière décolle vertigineusement :

Avril 1942 : *G-3 (Operations) Airborne Division Command* à Fort Bragg

16 août 1942 : *G-3 101st Airborne Division* à Claibourne, *Lt Colonel*

Mars 43, *Chief of Staff 101st Airborne*

Juin 44, *Assistant Division Commander*, en remplacement de Don Pratt, tué le D.Day. Il supplante Sink et Johnson, commandants de régiments de la *101st*, pourtant plus âgés que lui.

Août 44 ; devient *Brigadier General* à 34 ans, plus jeune à ce poste de toute l'US Army, nommé par Taylor ; celui-ci dira plus tard, *« C'est la plus mau-*

A la mort du général Don Pratt, tué dans son planeur à l'aube du 6 juin, Max Taylor décide spontanément de faire de Gerry Higgins, alors chef d'état-major de la *101st Airborne* et qui n'est que colonel, son *Assistant Division Commander*, un rôle qui aurait dû échoir, ancienneté oblige, à Tony McAuliffe déjà général, ou à Robert Sink et Howard Johnson, plus âgé que lui...

Gerald Higgins, *Brigadier General* à 34 ans, ici en Hollande lors de *Market*.

vaise décision de ma carrière que je n'ai jamais regrettée… » Le job aurait dû échoir à des colonels ou généraux plus âgés, mais Higgins avait fait un boulot formidable en Normandie…

Charles H. Young
Pas d'Airborne sans *Troop Carrier* !

Charles H. Young est né à Argonia, dans le Kansas en 1914. Il était le boss du *439th Troop Carrier Group*, qui a notamment déposé une partie du *506th PIR* en Normandie (basé à Upottery, *1/506th* et *2/506th*), mais a aussi été partie prenante dans toutes les grandes opérations aéroportées de la guerre.

Le *439th* était composé du *Group Headquarters Squadron, 91st Troop Carrier Squadron* (C-47 L4), du *92nd Troop Carrier Squadron* (C-47 J8), du *93rd Troop Carrier Squadron* (C-47 3B) et du *94th Troop Carrier Squadron* (C-47 D8), basé à Balderton, Nottinghamshire puis Upottery, Devonshire.

Issu d'une famille de fermiers, Charles Young a débuté sa carrière de pilote à l'âge de 21 ans en effectuant des opérations de fertilisation des champs à partir d'un OX-5 Powered American Eagle. Il est accepté à l'*U.S. Army Air Corps Flying Cadet* de Randolph Field en 1936, juste après son diplôme à l'Université Philipps de Enid en Oklahoma. Il détient toujours le record de l'USAF pour le minimum de temps passé en vol avec un instructeur avant de voler en solo ; 55 minutes ! Il passe ensuite deux ans à Kelly Fields au sein du *90th Attack Squadron*, alors commandé par l'immense Paul L. Williams, qui deviendra CO du *IX Troop Carrier Command.*

En septembre 1939, Young revient à la vie civile et entre comme pilote à American Airlines. Il est rappelé en 1942 pour participer à l'organisation des *Troop Carriers*. Il est l'un des cadres originaux du *First Troop Carrier Command*. Il prend en janvier 44 le commandement du *439th Troop Carrier*

Ci-contre : Charles Young à Uppotery Airfield avec le boxeur Joe Louis.

Ci-dessus : le *IX Troop Carrier Command* a été constitué le 11 octobre 1943 (activé le 16), en Angleterre sous l'égide de la *9th Air Force*. Il comprenait les *50th*, *52nd*, et *53rd Troop Carrier Wings* et était commandé, en juin 1944, par le *Major General* Paul Williams. Ces unités, composées de C-47 et de planeurs, assuraient le transport des troupes aéroportées.

Ci-contre : le *Lt Colonel* Charles Young aux commandes de son avion « Argonia », le C-47 N° 43-15159, l'avion leader du *439th TCG* le Jour J, en compagnie de son co-pilote le *1st Lt* Adam Parsons.

Group. A 30 ans, il est le plus jeune commandant de *Troop Carrier*. Aux commandes de son C-47, l'*Argonia*, il sera l'un des premiers au-dessus de la terre normande aux toutes premières heures du 6 juin 1944 pour larguer *1/506th* et *2/506th*. 80 C-47 composeront son *439th TCG* au départ de Uppotery.

Il sera pilote de tête sur toutes les grandes opérations de la guerre, y compris les dures missions de réapprovisionnement en Belgique et Allemagne. Il rejoindra American Airlines après la guerre, et demeurera 35 ans avec cette compagnie. Il est l'auteur du « Must » en matière de livre sur les *Troop Carriers, « Into the Valley* ! »

Son avion, le C 47 *Argonia* N° 315159 est représenté au Musée Airborne de Sainte-Mère- Eglise. Il s'agit en réalité du C-47 N° 42-100825, du *92nd Squadron, 439th TC Group*, était du deuxième serial le D-Day, chalk N° 49, piloté pat le *1st Lt* Charles H. Imschweiler. Le 7 juin, il participait au remorquage de planeurs Horsa avec le *439th TCG*. Il était de l'opération *Dragoon* le 15 août en Provence, et en Hollande pour *Market*. Il aurait aussi remorqué en doublette deux Wacos pour l'assaut sur Wesel le 24 mars 1945. En service dans l'aéronavale française depuis 1962, il fut cédé le 1er septembre 1981 à la Ligue d'Amitié Parachutiste, à l'initiative du Airborne Museum de Sainte-Mère-Eglise. Il fut restauré sous les couleurs de l'*Argonia*, le C-47 N° 43-15159, l'avion leader du *439th TCG* le Jour J, commandé par Charles Young.

Harold Eugene Sellers, *F/501st Parachute Infantry Regiment, Pathfinder 101st Airborne Division*

Harold E. « Gene » Sellers est l'un des personnages magnifiés par le petit film d'introduction montré au Visitor's Center du cimetière d'*Omaha Beach* à Colleville. « Gene » était étudiant en première année à l'University of Arkansas, bénéficiant d'une bourse d'étude car il jouait dans l'équipe de baseball de l'école. Il décide pourtant de s'engager et choisit les *Paratroops*. Il est versé au *1st Platoon, F Company, 501st PIR*, qui sera en janvier 1944, rattaché à la *101st Airborne*. Il est volontaire début avril 1944 pour une toute nouvelle unité provisoire, les *pathfinders*, éclaireurs chargés de baliser les zones de saut. Leonard Newcomb de *F/501* était dans sa tente à Hampstead Marshall début février 1944 quand le *Executive Officer* de sa compagnie lui parla des *pathfinders*. Newcomb regarda ses potes Rob Larsen et Joe Bass et les trois hommes acquiescèrent. Entra alors Harold Sellers qui venait ramasser son courrier. Voyant que ses copains de « *squad* » tramaient quelque chose, et sans trop savoir de quoi il s'agissait, Sellers dit : « *Count me in* », comptez sur moi. Il est envoyé à la base de North Witham et intègre l'équipe de *pathfinders* du *2/501st* (plane chalk N° 7, dont il n'existe pas de photo ndlr-). Son serial doit sauter sur la terrible DZ « D », que les Allemands ont couvert de leurs feux. Il tombe au sud-est de Saint-Côme-du-Mont, non loin du Dead Man's corner, littéralement devant le canon d'un MG 42. Il est tué dans son harnais avant même de toucher terre. Il est 00h35 le mardi 6 juin 1944. Il partage le triste privilège d'avoir probablement été le premier *KIA* (tué au combat) américain du jour J avec deux autres *Pathfinders* du *501st*, le *Pvt* Stanley S. Suwarski de *HQ 3/501st*, et Don McDougall (*I/501st*).

Stanley S. Suwarsky.

Ci-dessous : Gene Sellers se porte volontaire pour les *pathfinders* en avril 1944, par amitié, pour aller au combat avec ses camarades de tente à Hamstead Marshalls. Etudiant à Arkansas University, il était promis à un brillant avenir. Il sera l'un des tout premiers *Screaming Eagles* à perdre la vie en Normandie.

Don McDougall.

Sellers.

QU'EST CE QU'UN PATHFINDER ?

Contrairement à de nombreux préjugés, le *pathfinder* n'est pas seulement un soldat d'élite (tous les paras en étaient), mais est d'abord un technicien, un expert en communication qui maîtrise parfaitement le morse, et les techniques mises au point laborieusement depuis mars 1943, sous les efforts conjugués du *Airborne Command*, des pilotes des *Troop Carrier Transport*, et des *« bad drop specialists »* du *2/509 PIB*. Mais pour lui permettre d'effectuer en un temps record, au bon endroit et sans l'intrusion de l'ennemi, son travail d'identification et de marquage de la zone de largage *(Drop Zone)* puis d'atterrissage *(Landing Zone)*, on a adjoint à ces soldats-techniciens des gardes du corps, *« security men »*, eux aussi formés au maniement des instruments de marquages, mais plus spécifiquement dédiés à faire la peau à tout ennemi venu faire obstruction au travail des *pathfinders*. Chose moins connue, les *« follow up »*, des *pathfinders* embarqués avec les tout premiers serials, et capables, en cas d'échec, de capture ou d'élimination des pathfinders, de prendre le relais et d'émettre des signaux en direction du gros des C-47 de la flotte d'invasion.

Trois hommes ont été instrumentaux dans la création de l'école des *pathfinders* ; il s'agit du *Capt.* Bill Kirkpatrick *(313 TCG)*, *Capt.* Jack Norton *(505)* et du *Capt.* Frank Boyd *(376th PFAB)*. Norton a attrapé la malaria et c'est Boyd qui a géré les expérimentations. L'école des *Army Air Force pathfinders* a été d'abord installée à Cottesmore en février 44, et celle des *Airborne pathfinders* a démarré à North Witham près de Grantham en mars.

Elle accueille les « volontaires » de Lillyman et de sa *101st Airborne Division* et le *Ninth Troop Carrier Command Pathfinder Group* des aviateurs du *Lt Colonel* Joel Crouch, pionnier du travail de *pathfinder* depuis l'Afrique du Nord et l'Italie. Chacun des trois régiments de la *82nd Airborne Division*, les *505th, 507th* et *508th PIR* envoie 6 officiers et 54 hommes, tous choisis parmi des volontaires. Au total, plus de 350 hommes US et Britanniques travaillèrent à cette école avant l'invasion de la Normandie. Les *pathfinders* apprennent à utiliser leurs outils émetteurs, y compris les radios ondes longues, équipements eureka-rebecca, signaux de fumée, panneaux holophane, panneaux fluorescents pour les marquages au sol de jour et indiquer le sens du vent en forme de T.

Avant le Jour J, la composition d'une équipe de pathfinders fut modifiée ainsi :

- 2 officiers et 12 hommes (*Team Leader, Assistant Team Leader, Light section leader*, sept hommes, deux opérateurs Eurekas et deux assistants opérateurs Eureka).

- Une équipe par bataillon, soit trois équipes de *pathfinders* par régiment, volant dans trois avions en forme de « V » vers leur DZ.

Au fur et à mesure que l'entraînement avance, la structure des équipes a été modifiée, pour atteindre deux officiers et 12 hommes, plus un *security team* de cinq hommes. Un *pathfinder* team se compose donc ainsi :

Team leader, assistant team leader, Light section leader, sept « light men », deux opérateurs Eureka et deux assistants opérateurs Eureka, plus l'équipe de gardes du corps.

Pour l'anecdote, les mots de passe des *pathfinders* étaient différents de ceux utilisés par le gros des troupes parachutistes, *(Flash-Thunder-Welcome)*. Les éclaireurs utilisaient eux « *Boise* », auquel on devait répondre par « *Idaho* ».

Ce sont les personnels des *Troop Carriers* qui, les premiers, portent dès mai 1944, ce patch des *pathfinders*. Plus tard, tous les parachutistes ayant suivi l'école des *pathfinders* de North Witham seront autorisés, qu'ils aient sauté ou non, techniciens ou membres des équipes de sécurité, à porter cette flamme sur la manche gauche.

Foucarville, ou le coup de bluff des paras...

Au printemps 1944, le village de Foucarville est occupé par le Ier bataillon du *Grenadier-Regiment 919 (709. Infanterie-Division)* commandé par le *Hauptmann* Fink qui y a installé son poste de commandement. La commune est située au nord de la zone de saut codée « A », désignée par les Américains pour le largage du *502nd Parachute Infantry Regiment* commandé par le colonel George van Horn Moseley. Ce régiment, par l'intermédiaire du 1er bataillon aux ordres du lieutenant-colonel Patrick F. Cassidy, est chargé de sécuriser les chaussées les plus au nord reliant la plage d'*Utah* et l'intérieur des terres à travers de larges marais inondés. Le largage du 1er bataillon du *502nd Parachute Infantry Regiment (PIR)* ne s'effectue pas à l'endroit prévu, mais les parachutistes américains se mettent en marche vers leurs objectifs sans tarder. Plusieurs unités aéroportées se retrouvent mélangées du fait de ces mauvais largages : environ 180 parachutistes appartenant au 2e bataillon du *506th PIR* se rassemblent dans la nuit à proximité de Foucarville. Ils sont rejoints par une vingtaine de paras du *508th PIR (82nd Airborne Division)* et, à 3h30, par le lieutenant-colonel Robert L. Strayer commandant le 2e bataillon du *506th PIR* accompagné par une cinquantaine d'autres paras. Ces éléments unissent leurs forces et se dirigent à 4h30 vers le sud. Mais immédiatement au sud de Foucarville, avant Saint-Germain-de-Varreville, ils sont pris

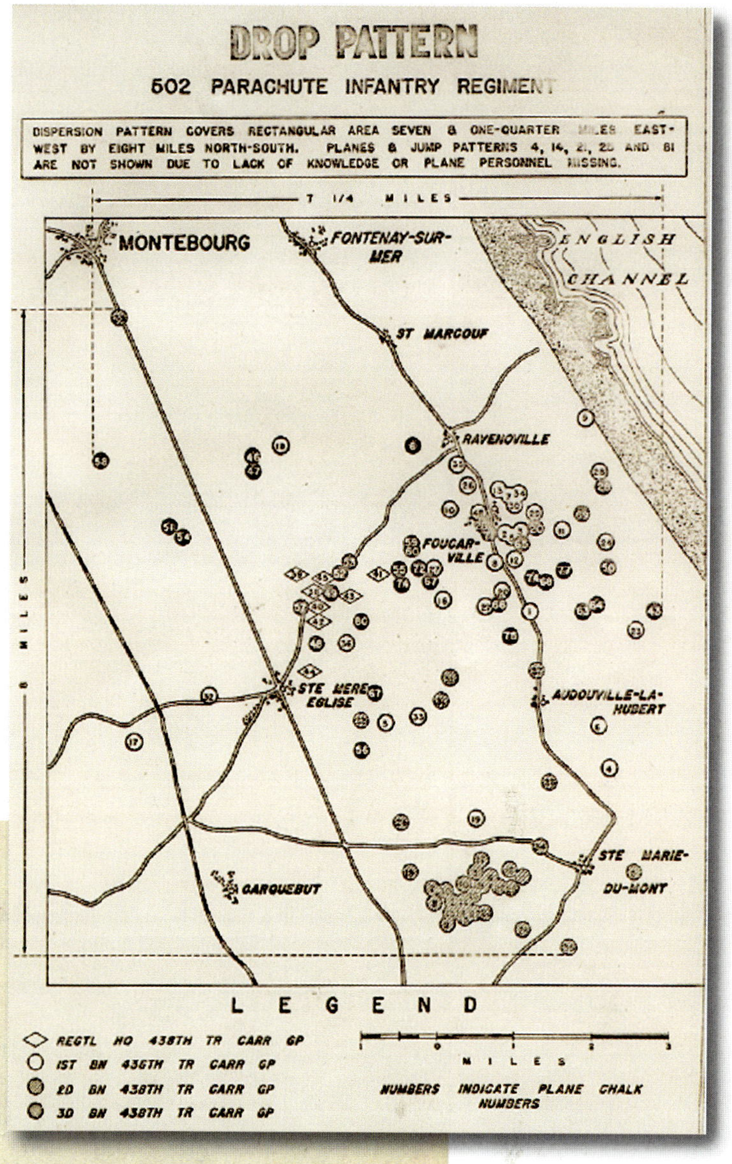

Le *502nd Parachute Infantry* décolle de Membury et de Greenham Commons avec la première vague d'assaut aéroportée, destination la *Drop Zone A*. Objectifs, les deux chaussées de Ravenoville et Saint-Martin-de-Varreville, avec sa batterie de canons de 122 mm.

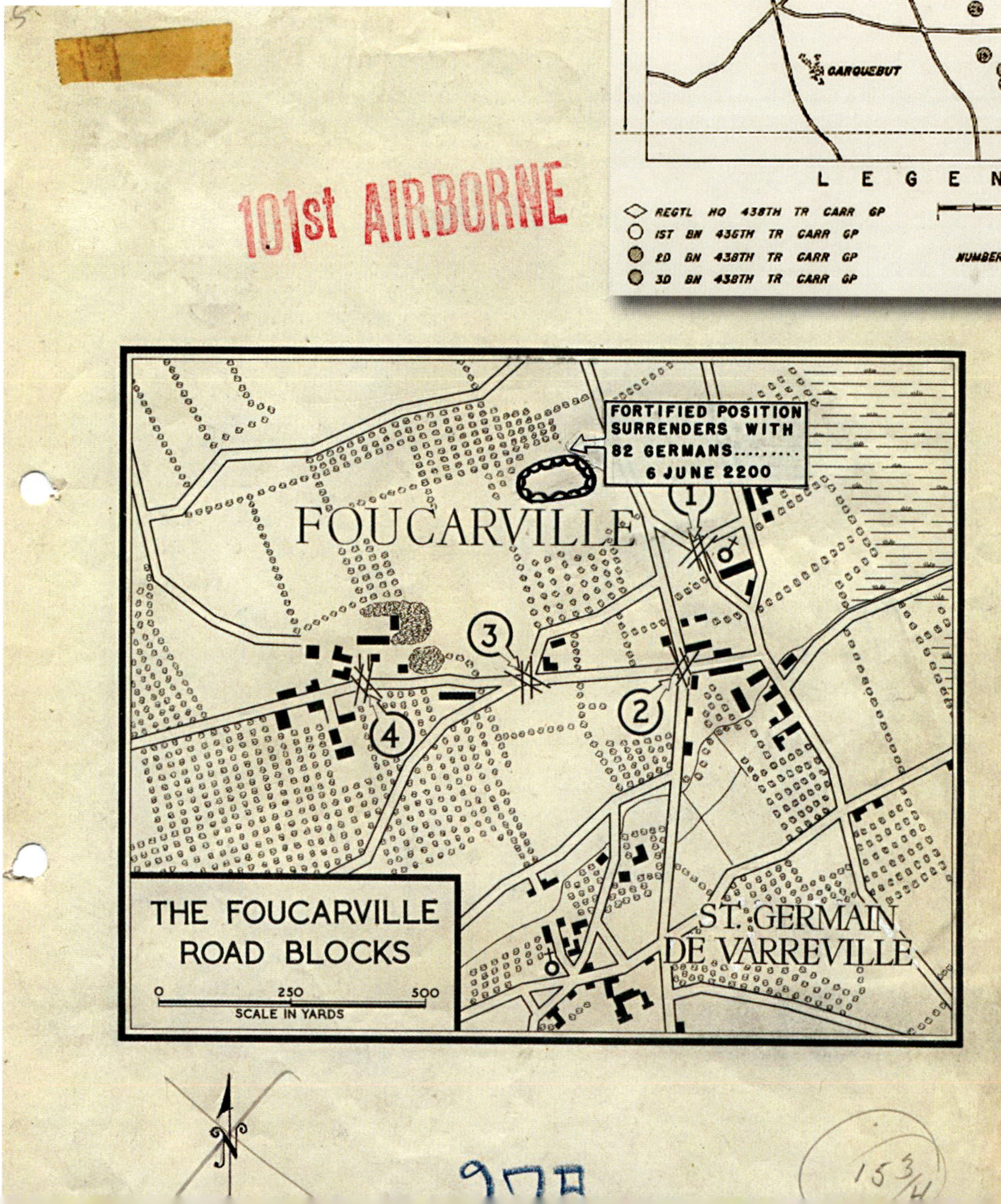

à partie et cloués au sol jusqu'à midi par l'ennemi. Afin de couvrir les actions menées vers les chaussées, un détachement de 45 soldats de la compagnie A du *502nd PIR* menés par le lieutenant Wallace A. Swanson est envoyé dans le secteur de Foucarville pour bloquer la route départementale 17 ainsi que la route départementale 14. Peu après midi, « Swannie » met en place quatre barrages. Pendant ce temps, les Allemands déploient de multiples renforts depuis le nord du Cotentin, en particulier le *Sturm-Bataillon AOK 7* et la *Panzerjäger-Abteilung 709*. Quatre véhicules sont repérés sur la route entre Beuzeville-au-Plain et Foucarville : ils sont stoppés et détruits par l'action du lieutenant Swanson. A la fin de la journée, les abords nord de Foucarville sont tenus par les hommes de Swanson.

Foucarville, est alors le point de défense allemand principal, sur une petite colline fortifiée, avec tranchées et barbelés. C'est là que les Allemands concentrent tous les prisonniers de la nuit, 17 hommes des *A* et *C company* du *502 PIR*. La *C Company 502nd* a attaqué ce «*strongpoint*» dans la journée du 6, sans trop de succès. Vers 22 heures, les Allemands se rendent en masse, pendant que d'autres tentent de s'échapper vers le nord. Cette reddition est due à un coup de bluff monumental joué par les prisonniers qui auraient informé le commandement allemand qu'un terrible barrage d'artillerie déclenché par le *377th PFAB* devait s'abattre sur Foucarville à 22h30... Le coup de bluff a fonctionné et 82 (87 selon Koskimaki) Allemands se sont rendus, y compris une femme française, mariée à un officier allemand. De peur de se faire descendre, les Allemands agitèrent un drapeau blanc mais ne se montrèrent pas. La *C Company* avança, suivie d'éléments de la *4th ID*. Un des paras prisonniers, un *Pfc* Hewitt Tippits fut envoyé par les Allemands pour expliquer aux Américains que la garnison se rendait.

Le *Lieutenant* Bernard Bucior était jumpmaster de son C-47 le 6 juin. Il contribue à l'élimination de différentes positions fortifiées allemandes dans le secteur de Foucarville avant d'être grièvement blessé. Il est évacué sur *Utah Beach* et embarqué sur le LST N° 283.

Tippits était un pur « Southerner », un gars du sud avec un accent traînant à couper au couteau. Il hurla depuis l'entrée des « *dugouts* » ; « *Dont shoot, I'm a yank! I'm a yank!* »... Venant d'un sudiste, la phrase ne manquait pas de piquant et il est devenu la risée de ses camarades jusqu'à la fin de la guerre. Cependant, de nombreux Allemands « *Die hards* » ont tenté de fuir vers le nord mais les GI's prisonniers se sont emparés des armes des Allemands qui avaient capitulé et les ont descendu. On a relevé 50 Allemands morts... Pat Cassidy, CO du *1/502*, allait ensuite mener son bataillon à la suite de celui de Robert Cole dans l'assaut le long de Purple Heart Lane entre Saint-Côme et Carentan. Son leadership, sous le feu ennemi, lors du franchissement des ponts sur la Douve le 11 juin allait lui valoir la *Distinguished Service Cross*.

Le mystère Bucior, *B/502 PIR*

Juillet 1944 ; Irene Bucior, de Cape Elizabeth dans le Maine, apprend que son frère, le lieutenant Bernard G. « B.G. » Bucior, est listé comme *Missing In Action* en Normandie. Bucior, entraîneur de golf professionnel à Wethersfield Country Club, s'était engagé en septembre 41 à l'âge de 21 ans. Il avait rapidement rejoint les *paratroops*, et embarqué pour l'Europe avec le *502 PIR*. Sa disparition sera décrite comme l'un des grands mystères du Jour J par l'historien SLA Marshall dans son livre « *Night drop* ». Le *1st Lt* Bucior est au Haut Fornel l'après-midi du 7 juin avec le capitaine Fred Hancock, CO de la *C Company*. Deux 88 automoteurs avec tous leurs servants viennent d'entrer dans le petit bourg et Hancock veut ces canons. Il envoie Bucior avec 17 hommes pour tourner l'ennemi par la gauche, pendant que le *Lt* Borchert, avec 17 hommes, effectue le même mouvement sur la droite. Bucior tombe sur une ferme pleine d'Allemands. Il poste une mitrailleuse .30 cal. pour les bloquer et poursuit son chemin vers les canons. Mais les Allemands ont anticipé son mouvement et, au détour d'un champ, il tombe nez à nez avec un 88 et une trentaine d'Allemands. Bucior tente de battre en retraite mais une balle lui traverse l'épaule. Ses hommes le portent à l'abri et lui posent un bandage. Bucior n'en a pas fini. Il relance ces hommes au combat à travers les chemins creux. Les accrochages avec des partis ennemis supérieurs en nombre se multiplient. Les hommes de Bucior l'exhortent de partir vers l'arrière. « *Hell no! Hell no!* » s'énerve Bucior. Les Allemands entourent le petit groupe et déclenchent un tir de mortier. Bucior est touché en six endroits. Il se résout enfin à partir. Il se lève et s'écroule. Il n'a plus que deux hommes valides mais blessés avec lui. On le porte vers l'arrière. C'est Pat Cassidy, CO du *1/502* qui les aperçoit, traînant le corps inerte mais conscient de Bucior à travers champs. Cassidy sait que toute la *C Company* est engagée. Il doit poursuivre sa route, le cœur déchiré de laisser ainsi ses hommes blessés sans avoir le temps de s'en occuper. Plus personne n'aura de nouvelles de Bucior. Que lui est-il arrivé entre sa rencontre avec Cassidy et *Utah Beach* ?

Ce n'est que de longues années plus tard qu'un certain Phil Shofner, blessé le 6 juin, un des hommes de Bucior, se souviendra lui avoir parlé à *Utah*, alors que Bucior était évacué à bord d'un *Hospital ship*. Ce navire, quelques heures plus tard, heurtera une mine flottante, et un grand nom-

Ci-contre : Bernard Bucior, ici à gauche, à Hungerford en Angleterre avant le Jour J.

Ci-dessous : il est *Lieutenant Colonel* en Normandie, chargé de la planification quand il combat comme simple soldat d'infanterie durant près de sept jours, de manière isolée, derrière les lignes ennemies. Il se suicide le 7 décembre 1944, quelques jours avant l'offensive allemande des Ardennes. Il est enterré au cimetière américain de Champigneul.

bre de blessés, dont Bucior, sera tué, et leurs corps démunis de dog tags, disparaîtront. C'est ainsi que le nom de Bernard Bucior apparaît sur le mur des MIA à Colleville. Un mois plus tard, près du Havre sera retrouvé le corps de Robert G. Hester, lui aussi de *B/502*, et qui se trouvait dans le même *Hospital Ship* que Bucior.

Bernard Bucior était d'origine polonaise, et son véritable prénom était Bronislaus. A 21 ans, c'était un athlète accompli, brillant nageur, joueur de basket et spécialiste du saut à la perche

Lieutenant Colonel Raymond D. Millener, G-3, *101st Airborne*, le coup de main d'un officier perdu...

Le *Lt Colonel* Raymond Davis « Bud » Millener, est G-3 (planification) de la *101st* en Normandie où il reçoit sa *Distinguished Service Cross* après avoir été largué à l'ouest de Picauville. Millener n'avait alors pas encore terminé sa jump school. Il livre durant plusieurs jours des combats d'arrière-garde avec un petit groupe composé notamment de soldats du *HQ/501st* et de la *Signal Company*. Il aurait détruit avec sa troupe deux chars, deux halftracks et pris en embuscade plusieurs estafettes allemandes à motos et Kübelwagen, ainsi qu'un convoi de munitions. Ces hommes réussissent à éviter la capture et sont finalement relevés par des éléments de la *90th ID* dans le voisinage de Prétot. Millener retrouve l'état-major de la *101st* à Carentan.

En route pour la Hollande dans le cadre de l'Opération *Market*, son avion est touché par la Flak et c'est d'un C-47 en feu qu'il saute sur la région d'Eindhoven.

Le 7 décembre 1944, à Mourmelon-le-Grand, il emprunte un rasoir à un soldat des *Signal Corps*. Il se rase tranquillement, puis, il se plante devant son miroir, fourre son .45 dans sa bouche et tire, sans laisser d'explications...

Trois suicides seront à déplorer en cinq jours à Mourmelon du 5 au 11 décembre 1944 ; un *Staff Officer*, un *Master Sergeant* (David Harmon) et l'*Assistant Chief of Staff* de la Division, l'*Acting G-3*, le *Lt Colonel* Raymond D «Bud» Millener.

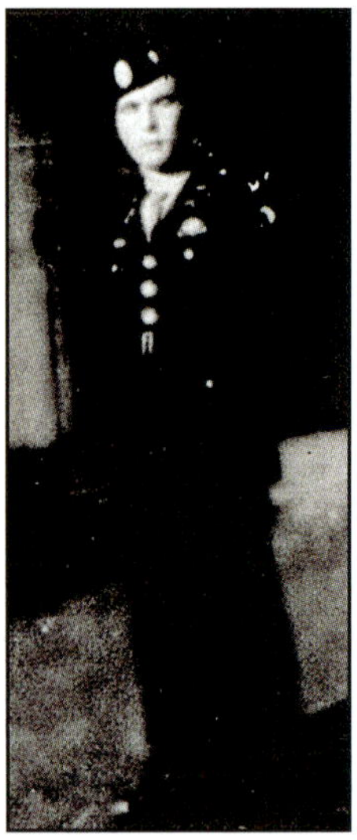

Le *Lieutenant* Brierre appartenait au *Platoon* de Police Militaire du *501st PIR*. Il entre dans l'histoire à 11 heures 10 au matin du 6 juin 1944 en effectuant la première et officielle jonction entre les troupes aéroportées et les soldats de la *4th ID* débarqués à *Utah Beach*.

Lieutenant Eugene D. Brierre, *C/501st*, un MP, premier contact entre la *4th ID* et la *101st Airborne*

Assigné au *HQ MP Platoon* de la *101st Airborne*, le *Lieutenant* Brierre entre dans l'Histoire le 6 juin 1944 à 11h10 du matin en effectuant la première jonction entre les troupes aéroportées et la *4th ID* débarquée à *Utah Beach*. La scène se passe sur un petit pont à l'est de Pouppeville, et Brierre fait la jonction entre son groupe de 8 soldats et le capitaine George L. Mabry Jr, S-3, du *3/8th Infantry-Regiment*. Le soir venu, Pouppeville est totalement sécurisé. Brierre arpente le village. Il aperçoit la porte d'une petite maison entr'ouverte. Par curiosité, il s'avance dans l'entrebâillement... et tombe nez à nez avec le canon d'un Mauser. L'arme est tenue par un jeune Allemand allongé sur le sol. Le soldat est blessé. Brierre tient lui aussi son arme braquée. L'Allemand laisse tomber son fusil. Sa main tremblante montre quelque chose posée sur une table. Brierre hésite, ne comprend pas. L'Allemand le regarde, les yeux comme écrasés d'une étrange supplique. L'Américain baisse son arme, s'approche de la table et y voit un rosaire. Il le prend, croise de nouveau le regard de l'Allemand, faible et pourtant suppliant. Brierre lui pose le rosaire dans la main. L'Allemand semble se détendre. Sa tête retombe, il ferme les yeux. Brierre aperçoit juste dans la pénombre le lent mouvement des doigts qui égrainent lentement le chapelet. Doucement, il se retire. Il repassera le lendemain matin. La porte entrebâillée n'a pas bougé. Un regard. L'Allemand est là, étendu, son rosaire à la main. Mort. Eugene D. Brierre est né un 4 janvier 1924 à la Nouvelle Orléans. Il suit les cours de la *Coast Guard Military Academy* de 1933 à 1942. Le 12 juin 1942, il reçoit sa commission de *2nd Lieutenant* et part pour camp Walters au Texas. C'est là qu'il se porte volontaire pour les *Paratroops*. Il est d'abord assigné au *506th PIR*. Puis en janvier 1944, en Angleterre, il rejoint la Compagnie C du *501st PIR*. Le *Major* Legere le recrute pour mener un platoon de MP en Normandie, avec mission de sécuriser le quartier général de Max Taylor. Il va ainsi sauter en tant qu'assistant jumpmaster de l'avion de Taylor.

Capitaine George L. Mabry Jr.

L'odyssée selon Joseph Beyrle, *Item 506th Parachute Infantry, 101st Airborne*

Joseph Beyrle (prononcer buy-early) est né à Muskegon dans l'Etat de Michigan en 1923, de parents immigrés Bavarois. Joe est un athlète complet qui devait, à l'automne 1942, entrer à Notre Dame University avec une bourse en athlétisme. Au lieu de cela, il signa un engagement pour un truc nouveau et inconnu, les parachutistes. A partir de là, le destin de Joe va prendre un tour que les meilleurs scénaristes d'Hollywood n'auraient pu imaginer. Joe passa avec succès la dure sélection de Toccoa, suivit sa formation de para à Benning et reçut ses « wings » début 43. A sa maman qui lui demanda alors combien de fois il était monté en avion, il répondit ; *« j'ai fait 11 décollages... et aucun atterrissage ! »* Septembre 1943, il arrive au sein de *Item Company, 506th Parachute Infantry Regiment, 101st Airborne* en Angleterre. L'entraînement s'intensifie et Joe adore sauter. Avril 1944,

Le *1st Lieutenant* Nathan Marks était un Geronimo de la première heure, *Platoon Leader* de la Compagnie G du *501st PIR*. Il est tué lors des combats de Pouppeville, lui aussi atteint à la tête par un tir de sniper...

il a plus de 30 sauts à son actif. Il est un jour convoqué dans le bureau du *Lt Col* Robert Wolverton, CO du *3/506*. De curieux hommes en civil assistent à l'entretien. Ces hommes appartiennent aux services secrets. Ils cherchent un para d'exception pour une mission secrète. Joe accepte. Dans le plus grand secret (personne dans son unité ne l'apprendra jamais), Joe va sauter quelque part en Bretagne, un mois avant l'invasion, pour remettre une ceinture pleine d'or à la Résistance française. Et voilà notre para, 21 ans, probablement premier soldat US à toucher le sol français. Il saute par la trappe d'un Lysander et, comme dans un film, est récupéré par des résistants français qui le cachent, et l'emmènent avec mille précautions, ne progressant que de nuit, vers un petit port d'où il embarque sur un petit bateau de pêche et est récupéré au large par la Royal Navy. Il retourne à ses baraquements et reprend l'entraînement comme si de rien n'était. Officiellement, il était parti voir son frère malade dans un hôpital militaire du Nord de l'Angleterre. Quelques jours plus tard, rebelote, il est de nouveau contacté par les services secrets et effectue un second saut en France. Nous sommes début mai et un para du *506th* a déjà sauté deux fois sur le sol de France.

Arrive le 6 juin. Joe connaît les mêmes angoisses et frayeurs que les 6600 paras de la division. Il atterrit parmi les tirs de Flak sur le toit de l'église de Saint-Côme-du-Mont. Seul, désorienté, il passe la nuit du D-Day à ramper autour de Saint-Côme à la recherche de son stick. En désespoir de cause, il se débarrasse de son SCR 300 radio, tombe sur un transformateur électrique qu'il détruit au TNT. La journée du 6 juin se passe dans l'attente, Joe reste dissimulé dans une haie. Le lendemain matin, il se fait capturer alors qu'il somnole dans un fossé. Joe va connaître alors une des plus terribles expériences de sa vie. Les Allemands le parquent ainsi que des dizaines d'autres paras, dans un verger au nord de Saint-Côme. Ce verger est bordé de grands arbres et un *trooper* y pend, lamentablement accroché par les suspentes de son parachute. Joe raconte que, toute la journée du 7 juin, les troupes allemandes (beaucoup de *Ost-Truppen*), en passant sur la route qui borde les champs, feront des cartons sur le corps de ce para, au point de le rendre difforme et d'en sectionner pratiquement la tête ! Ce *trooper* n'est autre que le CO de Joe, le *Lt Colonel* Robert Wolverton, tué avant de toucher le sol de Normandie....

L'odyssée de Joe ne fait que débuter. Le soir du 7 juin, les Allemands escortent la longue file de prisonniers vers Carentan. Joe est conduit dans un bunker tenu par les paras du *FJ-Regt. 6*. On lui prend ses vêtements, et même ses dog tags. La scène suivante semble totalement irréelle ; Joe est amené vers un officier pour interrogatoire. Aux côtés de cet officier, se tient une jeune femme que Joe connaît ! la femme l'interpelle dans un anglais parfait et lui parle de l'Angleterre, des pubs où ils sont allés ensemble, des paras de son *platoon* dont elle connaît les noms et qui sont, selon elles, déjà morts... Joe est à l'agonie ; on essaie de lui soutirer les codes radios. Pire, Joe pense que la femme sait qu'il a accompli des missions avec la Résistance. Joe comprend et parle allemand, mais il ne veut pas que cela se sache. Il résiste et ne donne que « name, rank, serial number ». En long convoi, les prisonniers prennent à pied la N13 vers Carentan. L'aviation alliée est maître du ciel. Les

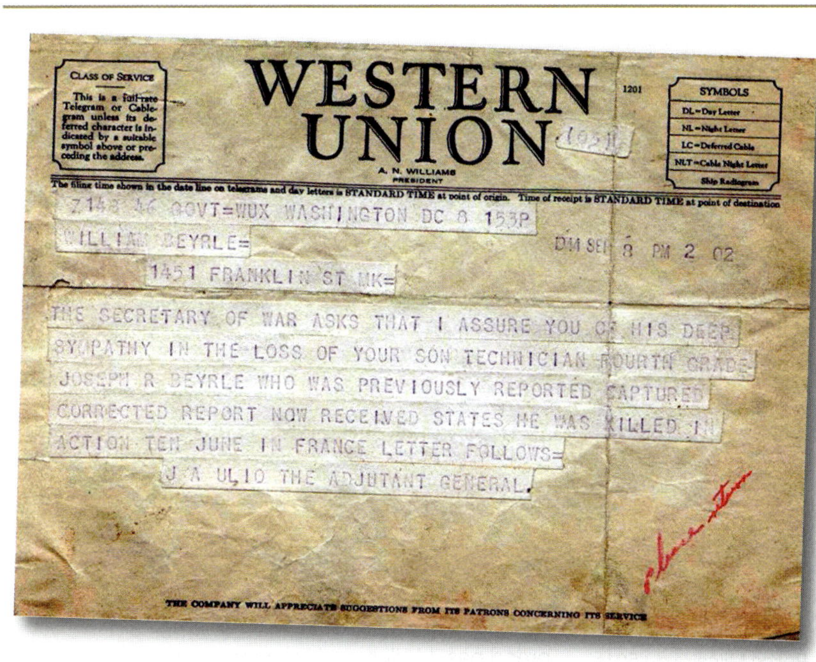

WESTERN UNION

CLASS OF SERVICE — This is a full-rate Telegram or Cablegram unless its deferred character is indicated by a suitable symbol above or preceding the address.

A. N. WILLIAMS PRESIDENT

SYMBOLS: DL=Day Letter; NL=Night Letter; LC=Deferred Cable; NLT=Cable Night Letter; Ship Radiogram

The filing time shown in the date line on telegrams and day letters is STANDARD TIME at point of origin. Time of receipt is STANDARD TIME at point of destination

7145 44 GOVT=WUX WASHINGTON DC 8 153P

WILLIAM BEYRLE=

1451 FRANKLIN ST MK=

DM SEP 8 PM 2 02

THE SECRETARY OF WAR ASKS THAT I ASSURE YOU OF HIS DEEP SYMPATHY IN THE LOSS OF YOUR SON TECHNICIAN FOURTH GRADE JOSEPH R BEYRLE WHO WAS PREVIOUSLY REPORTED CAPTURED CORRECTED REPORT NOW RECEIVED STATES HE WAS KILLED IN ACTION TEN JUNE IN FRANCE LETTER FOLLOWS=

J A ULIO THE ADJUTANT GENERAL.

THE COMPANY WILL APPRECIATE SUGGESTIONS FROM ITS PATRONS CONCERNING ITS SERVICE

Télégramme informant ses parents de sa mort au combat...

P47 mitraillent tout ce qui bouge et la colonne de prisonniers n'y échappe pas. Joe en profite pour s'enfuir. Durant deux jours, il va traîner dans les marais autour de Carentan à essayer d'échapper aux regards omniprésents des Allemands. Las, il est bientôt repris et c'est en camion, de nuit, qu'il rejoint « starvation Hill », une cour des haras de Saint-Lô où une centaine de paras crève de faim. Nouveaux interrogatoires. Joe résiste, Joe se rebelle, jure, insulte, crache... la crosse d'un Mauser le plonge dans le coma. Nouvel épisode hallucinant. Joe est dans un hôpital à Paris. On le sort de son lit et en compagnie d'un millier de prisonniers américains mais aussi anglais, il va défiler dans les rues de Paris sous les insultes et les crachats de la foule haineuse des parisiens! gare de l'est, il embarque dans un fourgon à bestiaux direction l'Allemagne, puis un Stalag en Pologne.

Joe ne rêve que d'évasions. A trois reprises, il va tenter de se faire la belle. Une de ses tentatives va le mener à Berlin, bombardée jour et nuit par les alliés. Nouvelle séquence épouvante. Joe est seul, il a faim et froid, dans une gare de triage bombardée. Il se dévoile à un civil qui le mène dans une cave en lui promettant de l'aide. Joe est en civil, dé-

Joseph Beyrle, parachutiste invétéré, surnommé « Jumping Joe » par ses camarades tant il ne rate aucune occasion de sauter. Son odyssée est digne d'un scénario hollywoodien. Tombé sur le toit de l'église de Saint-Côme-du-Mont, il aurait pu être le « John Steele » de la *101st Airborne Division*...

sarmé. Les brutes de la Gestapo font irruption. Joe est emmené et de nouveau passé à tabac dans une cave. La Gestapo veut l'abattre comme espion. Il ne doit son salut qu'à l'intervention inopinée d'un officier de la Luftwaffe qui donne crédit à sa version de parachutiste américain. Retour au Stalag en Pologne. Nous sommes en février 45. Un beau matin, les gardes décampent. Joe prend la poudre d'escampette. Il erre dans la plaine polonaise enneigée. La faim le porte vers une ferme apparemment désaffectée. Horreur, toute la famille est dans la cour... mitraillée. Des bruits de tanks se font entendre ; c'est l'armée rouge ! Ni une ni deux, Joe approche le commandant du peloton de char, une femme. Elle accepte qu'il se joigne à eux. Durant plusieurs semaines, Joe va vivre le quotidien d'un peloton de chars russes, découvrir leur courage, souvent imbibé de vodka, leur cruauté aussi envers l'ennemi haï, les commissaires politiques qui poussent aux actes les plus désespérés... jusqu'aux abords de l'Elbe. Joe y est blessé d'un éclat de shrapnel! et nouvel épisode de folie. Joe est amené dans un hôpital de Varsovie en ruine. Les conditions sont épouvantables, un vrai mouroir. Passe le maréchal Joukov en personne. Il veut rencontrer « l'américain ». Il lui remet un sauf conduit. Joe quitte le mouroir et est recueilli par des sœurs d'un ordre catholique polonais. Elles le remettent sur pied. Joe décide de rejoindre Moscou et l'ambassade américaine. Son sauf conduit va s'avérer de l'or en barre. Partout où il passe, la signature de Joukov lui ouvre les portes. En train, voiture, camion, il rejoint Moscou. Il frappe à l'ambassade US où il raconte son histoire. On le soigne, mais le lendemain, des agents de l'ambassade escortés de Marines entreprennent de l'interroger. Il comprend qu'on le prend pour un espion. Joe Beyrle, le « vrai », aurait été tué le 6 juin en Normandie. Son corps, avec ses dog tags, a été retrouvé et repose à Muskegon où un service religieux a été célébré. Ses parents ont déjà touché les 10 000 $ d'assurance. Joe comprend qu'un Allemand a dû enfiler ses vêtements et tenter de se faire la belle, et que c'est son corps qui a été retrouvé. On lui prend ses empreintes digitales pour les comparer. La réponse de Washington doit prendre plusieurs jours et les Marines, persuadés de son imposture, ne lui font pas de cadeaux! jusqu'à ce qu'éclate la vérité. Joe pourra rentrer chez lui via Odessa. Il retrouve ses parents début mai 45. *« The Simple sound of freedom »* – Thomas H. Taylor

821 appareils (plus le C-47 du *52nd TCW* rajouté au dernier moment pour Ridgway) auxquels s'ajoutent 20 sticks de *Pathfinder*) du *IX Troop Carrier Command,* ont été utilisés pour larguer les 13 348 *Paratroopers* des *82nd* et *101st Airborne Division* (6 420 hommes et 378 C-47s, Mission Boston, pour la *82nd Airborne Division*.

6 928 hommes et 443 C-47s, Mission Albany, pour la *101st Airborne Division*

Trois n'ont pas décollé et 21 ont été perdus et 196 endommagés.

512 planeurs ont été largués (220 Horsas et 292 Wacos), transportant notamment 281 jeeps.

Cinq n'ont pas décollé, et sept ont été abattus.

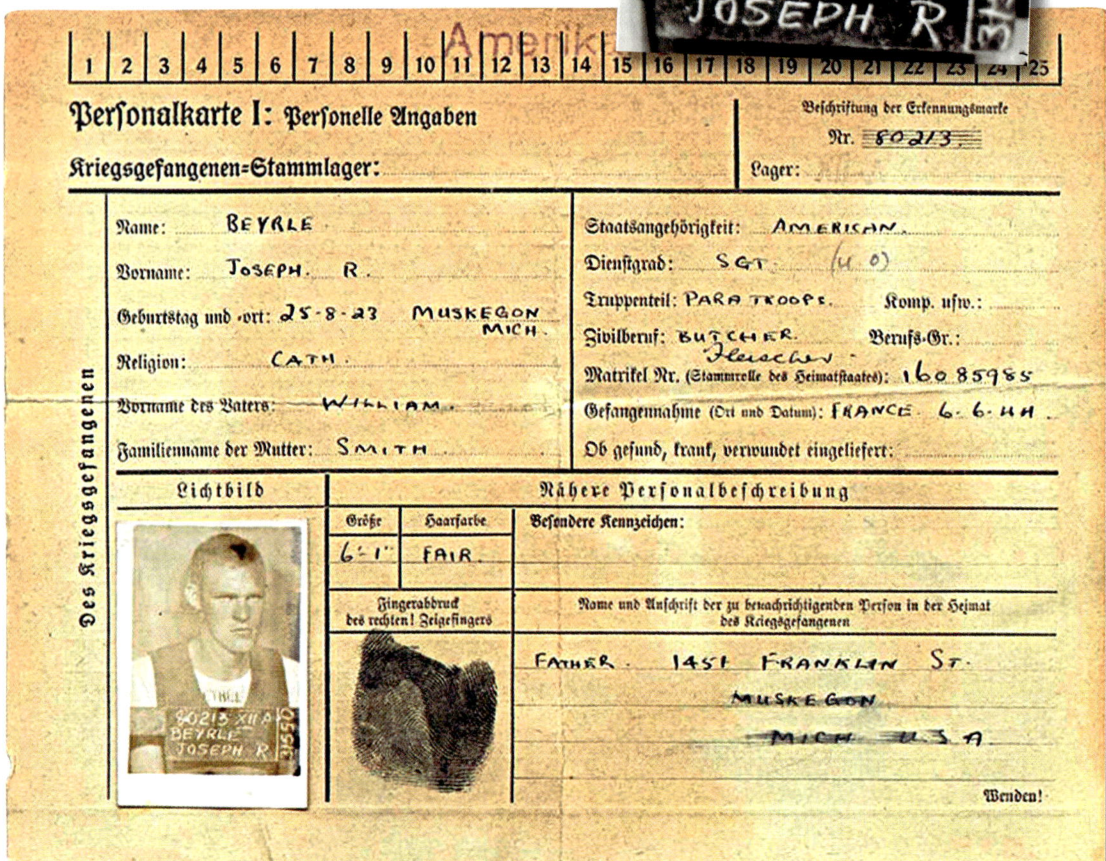

1 | 2 | 3 | 4 | 5 | 6 | 7 | 8 | 9 | 10 | 11 | 12 | 13 | 14 | 15 | 16 | 17 | 18 | 19 | 20 | 21 | 22 | 23 | 24 | 25

Personalkarte I: Personelle Angaben

Kriegsgefangenen-Stammlager:

Beschriftung der Erkennungsmarke
Nr. 80213
Lager:

Name: BEYRLE
Vorname: JOSEPH R.
Geburtstag und -ort: 25-8-23 MUSKEGON MICH.
Religion: CATH.
Vorname des Vaters: WILLIAM
Familienname der Mutter: SMITH

Staatsangehörigkeit: AMERICAN
Dienstgrad: SGT (U O)
Truppenteil: PARA TROOPS. Komp. usw.:
Zivilberuf: BUTCHER Fleischer Berufs-Gr.:
Matrikel Nr. (Stammrolle des Heimatstaates): 16085985
Gefangennahme (Ort und Datum): FRANCE 6-6-44
Ob gesund, krank, verwundet eingeliefert:

Des Kriegsgefangenen

Lichtbild

Nähere Personalbeschreibung

Größe	Haarfarbe
6'1"	FAIR

Besondere Kennzeichen:

Fingerabdruck des rechten! Zeigefingers

Name und Anschrift der zu benachrichtigenden Person in der Heimat des Kriegsgefangenen
FATHER 1451 FRANKLIN ST.
MUSKEGON
MICH U.S.A.

Wenden!

Carte de « *Kriegsgefangener* », prisonnier de guerre, et « Mug Shot » réalisé par les Allemands à son arrivée en Stalag.

Captain Harold E. van Antwerp ; poignard maudit !

Le troisième bataillon du *506th PIR* a donc été littéralement décapité dès les premières minutes de l'invasion. Ses chefs, Bob Wolverton et George Grant n'ont même pas pu poser le pied sur le sol normand, tués dans leur harnais au nord de Saint-Côme-du-Mont. D'autres commandants de compagnie, officiers d'état-major ou *platoon leaders* ont subi, dès le 6 juin, le même sort, Mc Knight, Chambliss, Howard, Machen... d'autres blessés ou faits prisonniers.

Le capitaine Harold E. van Antwerp était commandant de la compagnie G depuis Toccoa. Il est lui aussi tué quelques minutes après son saut sur la Normandie. Une légende court sur sa mort, son corps ayant été vu pendu dans une grange, accroché à son harnais, le ventre ouvert par son propre poignard des commandos anglais qu'il avait acheté en Angleterre. Le rapport des Grave Registration (unité chargée de ramasser et enterrer les corps sur les champs de batailles) indique, parmi les blessures observées sur son corps, une balle dans la tête, et de multiples lacérations abdominales, qui viennent étayer la légende !

Ce même poignard de type Fainbairn gravé à son nom sera retrouvé en Hollande quelques mois plus tard sur un prisonnier allemand, que les paratroopers exécuteront en prenant connaissance du nom de son propriétaire original.

Lt Col. Joel Lee Crouch, « Joe » ou « Colonel Joe », *pathfinder* et pilote

Né dans le Minnesota un 22 novembre 1910, Joel Lee Crouch était principal d'un collège à Hannah dans le Dakota du Nord. Il obtint son brevet de pilote en 1933 et, d'avril 1935 à mai 1942, travailla comme pilote de ligne pour *United Airlines*. Il fut alors appelé sous les drapeaux, en compagnie de 96 autres pilotes de ligne qui devaient former la base des *Troop Carriers*, transporteurs de troupes. *Wings Operation Officer* du *52nd Troop Carrier Wing* en Afrique du Nord à l'été 1943, il devient le plus virulent défenseur de l'idée des *pathfinders*, ces éclaireurs chargés de baliser les zones de saut en amont des parachutages de masse. Il fut décisif dans la création de l'école des *pathfinders* de North Witham en Angleterre en avril 1944 et devint le premier et seul *Commanding Officer* du *IX TCC Pathfinder Group*. Certains principes d'utilisation des *pathfinders* furent mis en œuvre pour les sauts des *505th* et *504th PIR* sur Salerno (Italie) en septembre 43. Mais ce n'est qu'en Angleterre, début 44, que Crouch put vraiment mettre en application ses principes avec la création d'une *Pathfinder School*, constituée de pilotes volontaires des trois *Troop Carrier Wings*, et de volontaires des *101st* et *82nd Airborne Divisions*. Crouch réunit ses volontaires à North Witham et leur dit : *« Je ne sais pas où on va, ni quand on y va, pas plus que ce qu'on fera quand on y sera ; mais je vous promets une chose, on devrait bien s'amuser... Vous êtes tous libres de refuser. »* Aucun ne s'est déballonné.

Crouch présente la particularité d'avoir piloté tous les avions de tête des opérations aéroportées suivantes : *Husky* (Sicile juillet 1943), *Avalanche* (Salerno, septembre 1943). Il ouvre la voie de l'Operation *Neptune*, saut sur la Normandie du 6 juin 1944, en larguant les premiers *pathfinders* des *377th PFAB* et *502nd PIR* du capitaine Frank Lillyman, au-dessus de Saint-Germain-de-Varreville. Son C-47 portait le N° 42-93098 du *94th TCS*, *439th TCG*, *9th AF USAAF*. Serial #1 Chalk #1 *Co-pilot*, *Capt.* Vito S. Pedone, *Capt.* William Culp (navigateur) - *Capt.* Edward E. Cannon (navigateur) - *Cpl.* Harold E. Conrad (radio-operateur.

Il est décédé le 16 août 1997.

Le capitaine Harold van Antwerp à Clemson, sur le stand de tir, conseillant le *Private* Wilbur D. Croteau de la compagnie G du *506th PIR*. Croteau sautera de l'avion N°9 des *pathfinders* le Jour J. Il trouvera la mort le 9 juin...

Ci-dessous, à gauche : sur la base de North-Witham, le *Lt. Colonel* Joël Crouch et son équipage (*Cpl.* Harold E. Conrad, *radio operator*, *Capt.* Edward E Cannon, *Capt.* William Culp, *navigator*, *Capt.* Vito S Pedone, *copilot*, *Lt Col* Joel L Crouch, pilote, posent devant leur C-47. Avion leader du *IX Troop Carrier Pathfinder Group*, ils seront les premiers à survoler la Normandie et à larguer les éclaireurs de la *101st Airborne Division*. C-47 #42-93098, avion leader du groupe de *pathfinders*. Ils décolleront à 21h54 en direction de la Normandie.

Ci-dessous : le *Colonel* Joel Crouch, un pionnier des *pathfinders*, toujours dans l'avion de tête en Normandie, Hollande ou Allemagne...

2. Sécuriser les accès à Utah Beach

Les missions de la 101st Airborne pour le Jour J sont les suivantes : Capturer et tenir les quatre chaussées partant d'Utah. Détruire la batterie lourde de Saint-Martin-de-Varreville et les cantonnements des artilleurs à Mézières. S'emparer de l'écluse de la Barquette, détruire tous les ponts de la Douve et tenir une ligne de défense de façon à protéger le flanc Sud du débarquement.

Virgil Danforth : duel de snipers à Pouppeville

Le caporal Virgil Danforth, un « boy » de *G/501st,* originaire d'Indianapolis, saute en Normandie le 6 juin avec un fusil Springfield .03. Il entre le premier dans Pouppeville, abattant pas moins de neuf Allemands d'une balle dans la tête au fur et à mesure qu'elles dépassent des fossés, où les défenseurs ennemis tentent de se protéger. Pour la petite histoire, John Boitano de *B/506th* devait se rendre à Pouppeville le 6 juin, mais n'y est parvenu que le lendemain. Il a remarqué que les Allemands morts qu'il a trouvé semblaient tous avoir été tués d'une balle dans la tête, probablement victimes de l'expertise de Danforth. Ce dernier devient ainsi l'un des 25 membres du *501st PIR* à recevoir une *DSC*. Le *Private* Meryl Tinkleberg, lui aussi de *G/501st PIR*, nettoie un nid de mitrailleuse à Pouppeville et en tue tous les servants. Les Allemands se retranchent dans la grande maison à l'est du bourg. Virgil tente d'attirer leur attention, afin de permettre au *Medic T/5* Harold Nolicy de se porter au secours d'un sergent blessé. Une balle frappe son casque, se casse en deux, dont une moitié le touche à la tête.

Pouppeville, site de la jonction entre les hommes de la *4th Infantry Division* débarqués à *Utah*, et les parachutistes de la *101st*, a ainsi curieusement vu les tireurs isolés, tant américains qu'allemands s'illustrer, parfois dramatiquement. Ainsi le *private* Henry Gullick de *HQ 3/501st*, y trouve-t-il la mort dès l'approche du village. Non loin de lui, c'est le Lieutenant Nathan M. Marks, de *G Company* qui est abattu. Joe « Jesse » C. Garcia tombe nez à nez avec un Allemand, et cette confrontation lui coûte la vie. Le *Medic* Edwin S. Hohl, ainsi que Earle F. Williams tombent sous les balles de tireurs embusqués. Parmi les blessés victimes de ces tirs, James F. Hubard et le caporal Vernon Kraeger.

Ci-dessous, à droite : Virgil Danforth : A l'image d'un Virgil Danforth, le soldat américain de la Seconde Guerre mondiale, élevé dans les affres de la grande dépression, s'adapte à toutes les situations, et excelle dans l'art du tir au fusil. (Mark Bando)

Ci-dessous : le fusil Springfield 1903 équipe les troupes américaines lors de l'entrée en guerre des USA. Vite remplacé par le M1 Garand, ce fusil demeure l'arme privilégiée des tireurs d'élite. (US Army)

Harrison C. Summers, le sergent York de la *101st Airborne Division*

Harrison C. Summers est né un 12 juillet 1918 dans le petit village de Catawba, en Virginie Occidentale. Il travaillait avant la guerre comme mineur à Rivesville avant de s'engager dans l'armée. Il est sergent-chef au 1er Bataillon du *502nd PIR, 101st Airborne Division*. Il va s'illustrer en Normandie le 6 juin 1944 lors de la prise du « Complex XYZ », le hameau de Mézières près de Saint-Germain-de-Varreville, dont le nom réel était ignoré des services de renseignement.

Le 1er bataillon du *502nd PIR,* commandé par Patrick Cassidy, doit sécuriser le flanc nord de l'invasion dans le secteur d'*Utah Beach*. Il doit s'assurer de l'ouverture aux troupes débarquées depuis la plage, de la chaussée N° 4, qui part de Ravenoville plage, mais aussi neutraliser les troupes hébergées dans le village de Mézières. Ces soldats allemands sont les servants des canons de la batterie de Saint-Martin-de-Varreville toute proche. Les paras US ignorent alors que les canons de 122 mm de la batterie ont été retirés par les Allemands, suite aux intenses bombardements aériens de la fin mai. Le personnel des batteries, plus d'une centaine de soldats, doit cependant être neutralisé. Pat Cassidy ordonne à Summers de prendre une quinzaine hommes pour aller nettoyer ce village. L'attaque est lancée depuis le Nord et l'Ouest du village à partir de 9 heures le matin du 6 juin.

Summers, armé du pistolet-mitrailleur Thompson s'élance, pensant être suivi de sa quinzaine de soldats. Summers abat les trois soldats allemands qui se réfugiaient dans la première maison. Le *Private* William A. Burt installe sa mitrailleuse face à la maison N°3 et fait feu sur les ouvertures. Le lieutenant Elmer F. Brandenberger *(Baker Company 502nd)* se décide à le suivre mais il est blessé par l'explosion d'une grenade durant l'attaque de la deuxième maison et se trouve hors de combat. Summers charge à lui seul la maison et abat d'une seule rafale ses six occupants.

Avant l'attaque de la maison suivante, un capitaine de la *82nd Airborne Division* les rejoint, accompagné du *2nd classe* John Camien, mais il est touché à moins de vingt mètres de Summers par un tireur isolé. Son sort final ainsi que son identité demeurent un mystère aujourd'hui.

Summers et Camien progressent de maison en maison. Pendant que l'un assure la couverture, l'autre enfonce la porte. Les deux hommes nettoient ainsi les cinq derniers baraquements sans faire aucun prisonnier. Le village se termine par une grande bâtisse. Les Allemands y avaient installé un réfectoire. Summers surprend les quinze hommes qui y sont attablés et qui semblent tout ignorer des combats qui font rage sous leur fenêtre. Ils tombent sous les balles du sergent américain. Après être sorti par l'arrière du bâtiment, Summers est pris sous le feu d'un sniper ennemi. Les tirs proviennent d'une grange au bout d'un champ.

La grange se situe près d'un abri rempli d'Allemands. Les tirs américains font exploser un stock de munitions et une trentaine d'Allemands périssent. Peu après, le lieutenant-colonel Patrick Cassidy et le sergent Nickrent de Chicago, armé de son bazooka, arrivent sur les lieux. Nickrent tire par deux fois dans la grange et enflamme la partie supérieure. Selon George Koskimaki, c'est le *Private* Bill Burt qui déclenche l'incendie en tirant à balles traçantes avec sa mitrailleuse.

Toutes ces actions avaient duré plus de cinq heures. Quand tout fut fini, Summers s'assit au bord de la route et alluma une cigarette, ne se sentant pas très bien. On dénombra plus de 30 morts dans les rangs allemands, toutes victimes du feu de la Thompson de Summers. Une trentaine fut fait prisonnier.

Pour son action en Normandie, Summers fut promu lieutenant et proposé pour la Médaille d'Honneur du congrès. Il ne recevra que la Distinguished Service Cross. Il participa également à la « Charge de Cole » sur la ferme Ingouf. En juillet 1944, il reçut une « batttlefield promotion » au rang de *2nd Lieutenant* et fut versé à la compagnie H du *502nd PIR*. Il sera sérieusement blessé à Bastogne en janvier 1945, et renvoyé aux Etats-Unis. Il mourut d'un cancer du poumon en 1983. Ses amis se battent toujours aujourd'hui pour qu'on le décore à titre posthume de la Médaille d'Honneur du congrès.

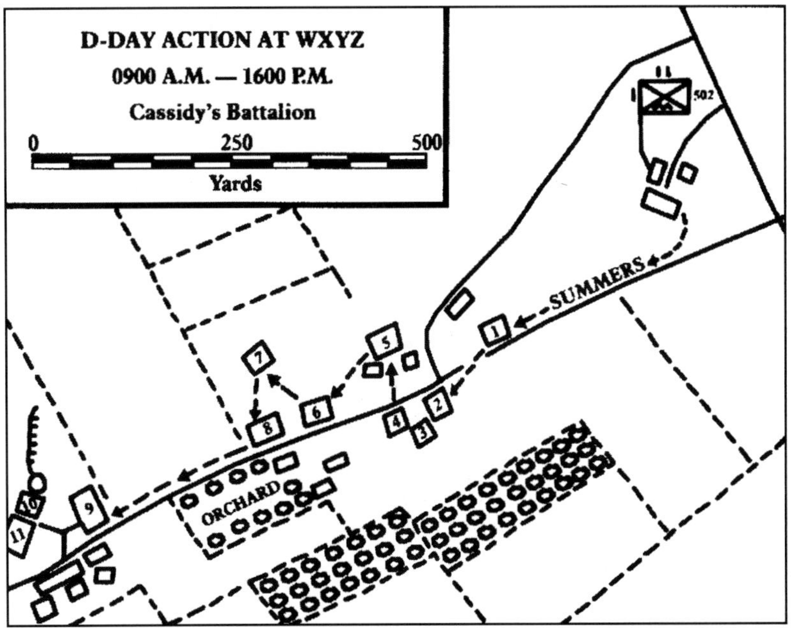

Parcours suivi par le sergent Harrison Summers à Mézières, appelé Complex XYZ par les planificateurs américains. Le complexe hébergeait les artilleurs et défenseurs de la batterie de Saint-Germain-de-Varreville, dont les canons avaient été enlevés dès la fin mai suite aux bombardements intensifs de la RAF. (Mark Bando)

Harrison Summers : le « sergent York » de la *101st Airborne Division*. (US Army)

Captain Bill Osborne (CO D/501), destin ordinaire d'un para du Jour J

Lorsque le *Captain* Bill Osborne, *Commanding Officer, Dog Company 501 PIR*, a sauté de son C-47 dans la nuit du 6 juin 1944, son parachute s'est mis en torche et il est tombé comme une pierre vers la terre normande. C'est un arbre qui a amorti sa chute. Assommé au moment de toucher la terre, il s'est réveillé avec le lever du soleil. A demi conscient, il a aperçu la pointe d'une botte au niveau de son visage. Il s'est demandé qui pouvait être ainsi allongé près de lui et a, petit à petit, réalisé que c'était... son propre pied. Sa jambe brisée dans la chute faisait un tel angle qu'il a peiné à réaliser que c'était son propre pied qu'il contemplait...

Il se trouvait alors à proximité de l'église d'Angoville-au-Plain. Il avait gardé avec lui sa Thompson SMG qu'il utilisait pour garder à distance les Allemands qui pullulaient dans le secteur. Une mitrailleuse MG 42 prit position non loin de lui. Adossé à une haie, Osborne savait que les hommes du *2nd Battalion* du colonel Ballard se trouvaient dans le champ adjacent. Mais chaque fois qu'un para tentait de lui venir en aide, il attirait le feu du MG 42. Rapidement, les Allemands l'utilisèrent comme appât, laissant venir vers le capitaine blessé les paras pour mieux les descendre. Ce n'est qu'avec la nuit qu'Osborne fut enfin secouru par Dan D. Rees et Tommy Coyne de *F/501* qui le hissèrent par-dessus la haie... Il ne récupéra jamais de sa jambe brisée et quitta l'armée.

Bill Osborne avant le *D-Day* à Hampstead Marshalls, propriété de Lady Craven près de Ramsbury, où le *501st* vivait dans un village de tentes depuis janvier 44... (Mark Bando)

Major Lawrence Legere, Assistant S-3 *101st Airborne Division* : pas d'immunité pour les infirmiers...

Lawrence Joseph Legere est né un 2 janvier 1919 à Leominster, Massachussetts. Il sort diplômé de West Point en 1940 et choisit les *paratroops*. Il commence sa carrière comme Assistant S-3 du *502nd Parachute Infantry*. En juin 1943, il devient Assistant G-3 de la *101st Airborne Division*, avec rang de *Major*. Le 6 juin, il est *jumpmaster*, sorte de directeur de saut dans l'avion de Max Taylor. Legere retrouve rapidement au sol son général et de nombreux membres de son état-major. Nul ne connaît cependant avec exactitude leur position. Legere part en reconnaissance en compagnie de Virgil Danforth. Ils pénètrent dans une ferme occupée par un vieux couple totalement terrorisé, qui leur indique leur situation sur la carte et leur offre du pain et du vin. Sûr de sa position, et sans nouvelle de ses bataillons, Max Taylor décide de se porter à la tête d'un mélange d'officiers du *501st PIR* et de la *101st Division* (Higgins, Ewell, Legere, McAuliffe (soit deux généraux et un colonel), Pappas du *326th AEB* (KIA 15 juin)...) et de quelques *troopers* de *3/501st* vers l'objectif de Pouppeville, à hauteur de la chaussée N°1. La chaussée de Pouppeville est identifiée comme le Causeway *N°1*, l'un des quatre accès à la plage d'*Utah* que la *101st* doit sécuriser. Le petit hameau est tenu par des Allemands de la *91. Luftlande- Division* et des Georgiens, selon l'historien Mark Bando, et le *Grenadier-Regiment 1058*, selon SLA Marshall.

La *4th ID* a débarqué à 6h30 à *Utah*. A midi, les premiers chars sont devant Pouppeville. Ewell et ses boys de *3/501* nettoient le village maison par maison. Le *Major* Larry Legere est tapi dans un fossé. Il se précipite pour traverser la route quand un coup de feu claque. Il est blessé à la cuisse par une balle en bois. La balle a traversé sa pelle, son genou et est ressortie par la cuisse. Legere hurle de douleur. Le *Medic T/5* Edwin Hohl, un gamin de Buffalo New York, se précipite et, alors qu'il lui prodigue les premiers soins, est tué net par un sniper d'une balle dans la poitrine. Il s'écoule sans vie sur le corps de Legere. Larry Legere aime à souligner que Eddie Hohl portait clairement visible la croix rouge sur son casque et sur son brassard. (1)

Dans le sillage du colonel Julian Ewell, les hommes de *G/501st* mènent l'assaut et à partir de 9 heures du matin, s'emparent de Pouppeville en l'encerclant, et en livrant un combat de maison à maison. Le poste de commandement allemand en ville est atteint à 11 heures et 38 Allemands se rendent après que les paras eurent ouvert le feu au bazooka. Ils ont perdu 25 hommes, les *troopers* déplorent 6 tués et 12 blessés. La jonction avec les soldats du *8th IR* de la *4th ID* du capitaine George Mabry est réalisée peu après 11 heures.

Legere sera évacué à *Utah Beach* dans l'après-midi. Il restera dans l'armée, et servira en Corée, en France et à Washington auprès du Président Kennedy comme conseiller à la Défense.

(1) Les cas de colonnes sanitaires allemandes avec croix rouge mitraillées par les avions alliés sont aussi légion - ainsi va la guerre cruelle... (Note de l'éditeur)

Ci-dessous : Larry Legere, officier d'état-major, sa première expérience au combat sera aussi la plus douloureuse, grièvement blessé par les tireurs embusqués de Pouppeville. (Michael Legere)

Ci-contre : au soir du 6 juin, la situation des régiments parachutistes de la *101st Airborne Division* ; les chaussées d'accès à *Utah Beach*, de Ravenoville au nord, à Pouppeville au sud sont sécurisées. Mais aucun pont sur la Douve n'est entièrement aux mains des Américains, et les parachutistes allemands du *F.J.-Regt. 6* interdisent tout mouvement concerté des hommes de Max Taylor... A l'ouest du Merderet, les *507th* et *508th PIR* de la *82nd Airborne* connaissent une situation similaire.

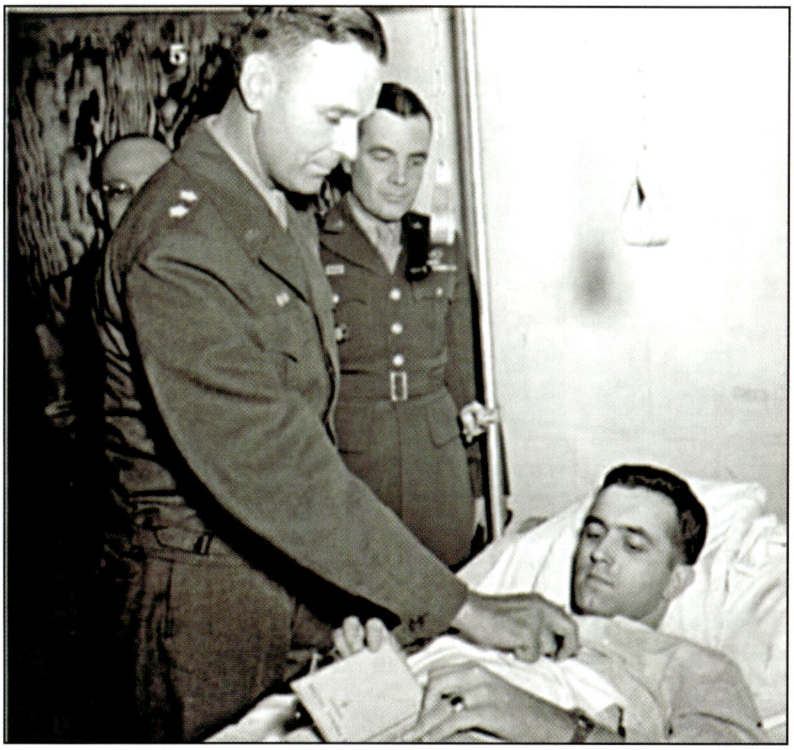

Il récupère dans un hôpital en Angleterre quand Max Taylor et Anthony McAuliffe lui remettent sa DSC. (US Army)

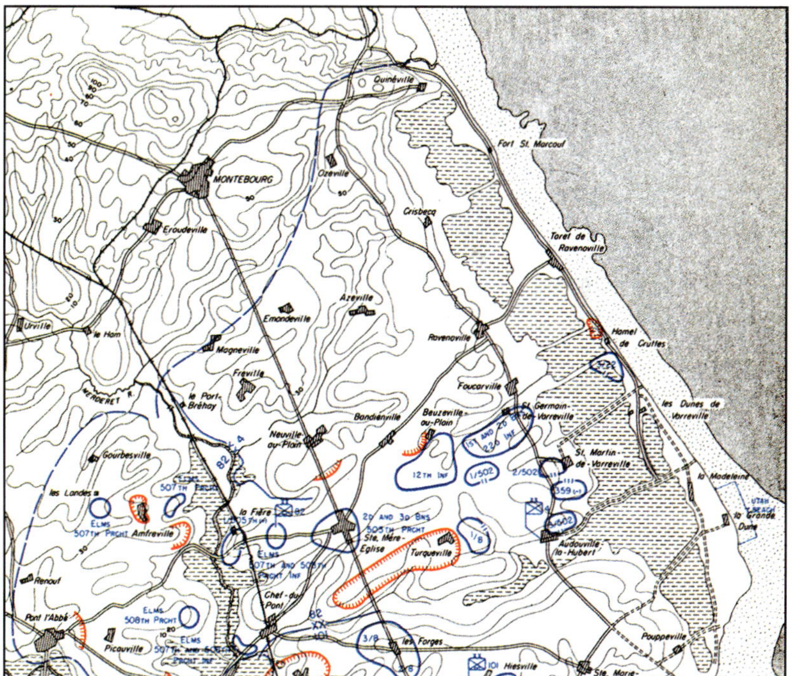

3. Les Geronimos à Carentan

Premier régiment parachutiste formé à partir d'une page blanche à compter de février 1942 à Toccoa, le 501st PIR du colonel Howard Ravenscroft Johnson décolle des aérodromes de Merryfield et Welton le 6 juin 1944. Il aligne 2 175 hommes et 168 officiers. Son Regimental Headquarters *(commandé par le* Captain *William G. Burd) et le Premier bataillon du* Lt. Colonel *Robert C. Carrol, doivent s'emparer des écluses de La Barquette sur la Douve. Le* Lt. *Harold Young, de* Charley Company, 326th Airborne Engineer Battalion *doit miner le pont sur la Douve. Il ne parviendra jamais sur son objectif.*

Le second bataillon du Lt Colonel *Robert Ballard doit détruire le pont N°2 sur la Douve et s'emparer de Saint-Côme-du-Mont. Le troisième bataillon du* Lt. Colonel *Julian J. Ewell doit atterrir sur la* Drop Zone « C » *et assurer la sécurité du quartier général de la* 101st Airborne *à Hiesville.*

Malgré les mauvais largages et dispersions des unités, la plupart de ces objectifs seront atteints dès le 6 juin, à part les missions du 2/501st, bloqué dans sa tentative d'approche de Saint-Côme-du-Mont dans le secteur Les Droueries-Basse et Haute-Addeville.

La plus importante bataille du 501st *sera livrée près de Pénême, à une intersection désormais appelée « Hell's Corner ». Une force d'environ 150* paratroopers *commandée par Johnson lui-même va annihiler l'intégralité du premier bataillon du 6e Régiment de* Fallschirmjäger *commandé par le* Hauptmann *Emil Preikschat. Johnson recevra la* Silver Star *pour ce fait d'armes.*

Ci-dessous : les cadres du régiment de Johnson à Fort Benning lors de la formation parachutiste en 1943 : de g. à d. Carrel, Robert Ballard, Red Shelby, Robert Carroll, Julian Ewell et Howard Johnson. (US Army)

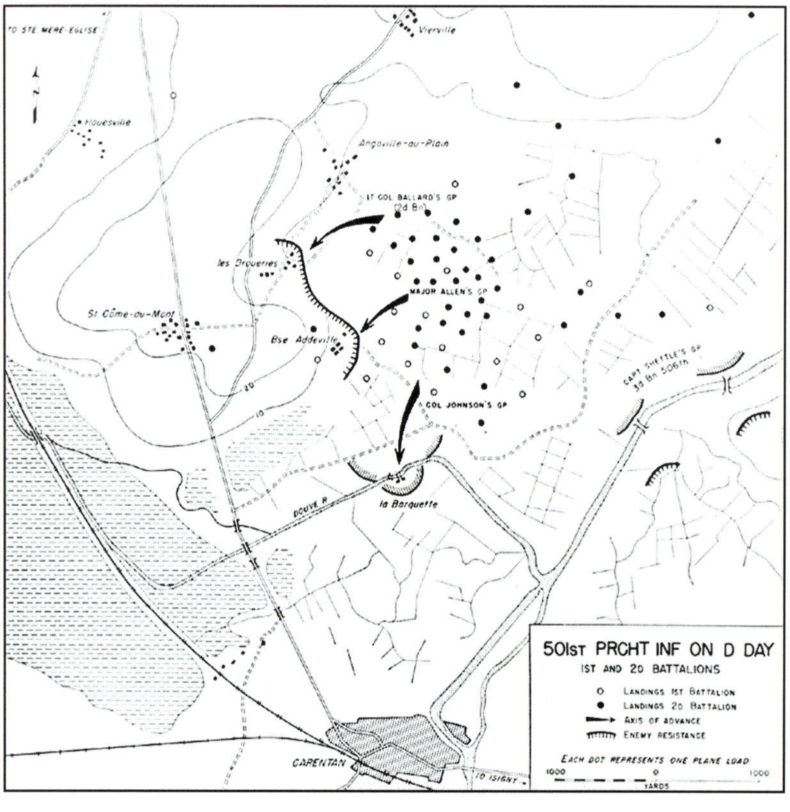

Ci-contre : si la prise de La Barquette s'avère une affaire relativement aisée, la progression vers Saint-Côme-du-Mont est stoppée deux jours durant par l'opiniâtre défense des paras allemands, dans le secteur des Droueries et de Basse Addeville. Quant aux ponts de la Nationale 13 sur la Douve, ils ne seront même pas approchés par les hommes de Johnson.

Ci-dessus : quand le *501st Parachute Infantry Regiment* est créé, début 1942, son *CO*, le colonel Howard R Johnson, demande aux *sergeants* Richard Clarke, Lee Clayman et Eugene Amburgey, de lui dessiner un insigne propre. Ils créent la tête d'apache tenant un éclair et surmontée d'un parachute. Mais le *department of Heraldry* refuse de l'autoriser, car le *501* a déjà un insigne approuvé, celui du *501 PIB*. Johnson passa outre et fit réaliser des *pockets patches* qui furent portés uniquement *stateside*, puis, à partir du VE day, en Europe. (Collection privée)

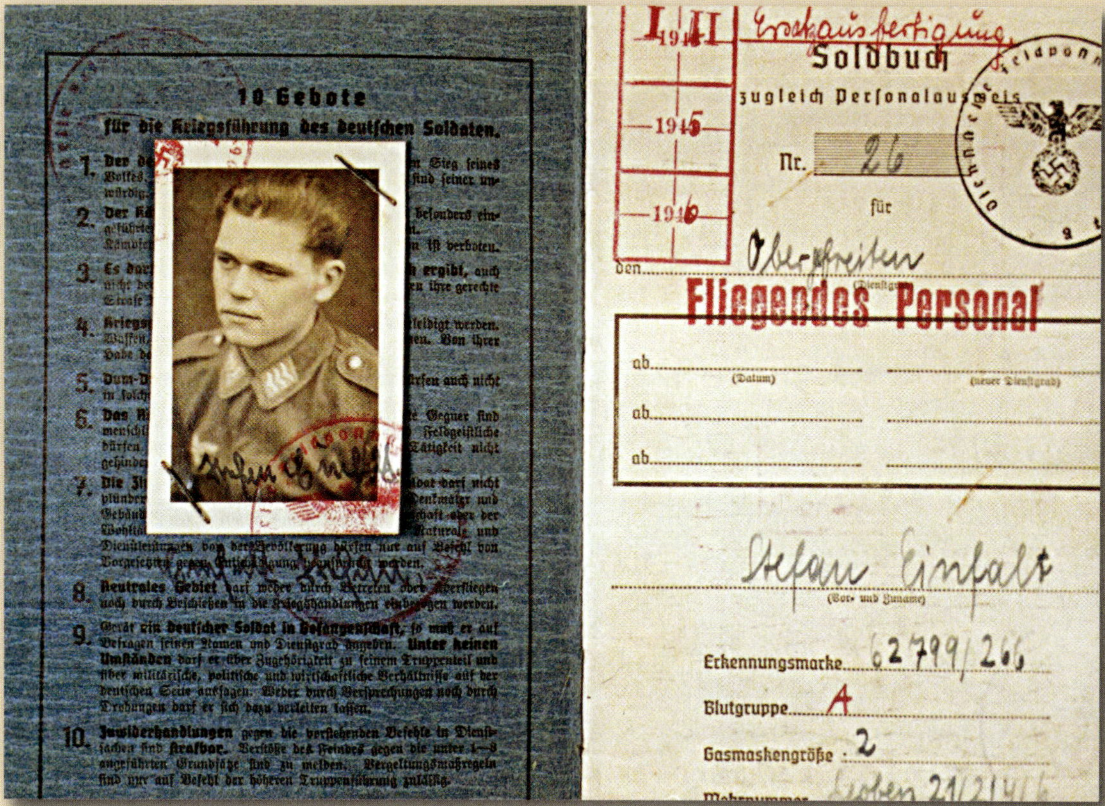

Ci-dessus : casque de parachutiste allemand typique du *F.J.-Regt 6*… (Collection privée)

Ci-contre : *Soldbuch* (livret individuel) de l'*Obergefreiter* Stefan Einhalt du *I. F.J.-Regt 6* annihilé à *Hell's Corner*. Il fait partie des nombreux paras allemands tués. C'est le sergent Harold Paulson de *C/501st* qui l'a ramassé sur le soldat mort. (Mark Bando)

Dog Tags du sergent Thomas M. Rice, plaques d'identification. (Thomas Rice)

Une nuit à La Barquette, Thomas M. Rice

Le sergent Thomas M. Rice décolle de Merryfield le 5 juin 1944, *jumpmaster* de son stick du *2nd Platoon, mortar section, C Company 501st PIR*. Premier à sauter sur la DZ « D », il est surpris par la vitesse excessive de son C-47, et demeure accroché à la porte, corps pendant à l'extérieur de la carlingue. Il parvient à se libérer et atterrit avec ses potes Frank Figarotta et Tony Das, tous deux du *mortar platoon* au nord-est d'Addeville. En tentant de traverser un canal, Das manque de se noyer, et la base du mortier disparait au fond de l'eau. Rice et Figarotta décident d'envoyer par le fond le reste du mortier, tube et trépied. Vite rejoint par d'autres *troopers*, Rice va identifier sa position, et rejoindre le *Major* J. Allen, S-3 du *501st*. En traversant Basse Addeville, Figarotta est tué d'une balle dans la tête. Rice et les hommes d'Allen rejoignent Johnson à La Barquette. Une quarantaine d'hommes de différentes unités, commandée par le *Lt.* Lee J. Bowers rejoint les écluses, sous le feu des snipers et mortiers allemands. Le *Supply Sergeant* Lawrence Ardrey, est tué par un sniper à 100 mètres au nord de l'écluse, tandis que Le *Pvt.* Milario Campos, premier à atteindre l'autre rive, est blessé par un mortier qui lui arrache un œil et lui casse le bras.

Au soir du 7 juin, Rice est envoyé, en compagnie de Tony Das et George Zeberowski de l'autre côté de l'écluse de la Barquette, pour fouiller la ferme Parey, sur la rive sud de la Douve. Les trois hommes trouvent la maison de Claude Parey désertée. Ils installent leur position avancée dans le jardin, face à Carentan, adossée à la rivière. Ils ont devant eux un excellent champ de tir bien dégagé. Ils creusent leurs foxholes en bordure du talus qui borde le jardin, et établissent un système d'alarme à une cinquantaine de mètres de leur position, en plantant des poteaux reliés entre eux par des fils de suspente de parachute auxquels ils accrochent des conserves pleines de clous ou de cailloux. Ils prennent ensuite place dans leurs foxholes, et se relient les uns aux autres par de la suspente attachée à leur poignet. A la moindre alerte, ils peuvent ainsi s'alerter mutuellement en tirant sur la suspente. Vers deux heures du matin, une patrouille allemande entre dans leur périmètre d'alerte et déclenche l'alarme improvisée. Rice, Das et Zeberowski ouvrent le feu simultanément avec leurs deux M-1 et leur Thompson. Plusieurs Allemands sont touchés et se replient vers le sud. Ils laissent un des leur criant et gémissant sur le sol. Tout le restant de la nuit, l'Allemand blessé va ainsi gémir. Rice n'ose sortir de crainte d'une ruse. Aux premières lueurs du jour, un des trois paras s'extrait de son foxhole et achève le blessé au couteau M-3. Il s'agissait d'un *Fallschirmjäger* d'une trentaine d'années, que les *paratroopers* enterrent au bord du jardin, ses plaques d'identité bien en évidence sur une croix hâtivement confectionnée. *« Ce fut une longue et misérable nuit, comme il y en eut tant d'autres avant que la guerre ne se termine »*, écrira Tom Rice dans ses Mémoires.

Ci-dessus : les écluses de La Barquette avec, au premier plan, la maison Paret, dans le jardin duquel Tom a passé la nuit du 6 au 7 juin. Il constituait, avec ses trois camarades, la position la plus avancée de la *101st Airborne Division* au sud de la Douve…

Ci-contre : Tom Rice quelques jours avant son embarquement pour les USA en 1945. (Thomas Rice)

Ci-dessous : Parcours de Tom Rice le Jour J.

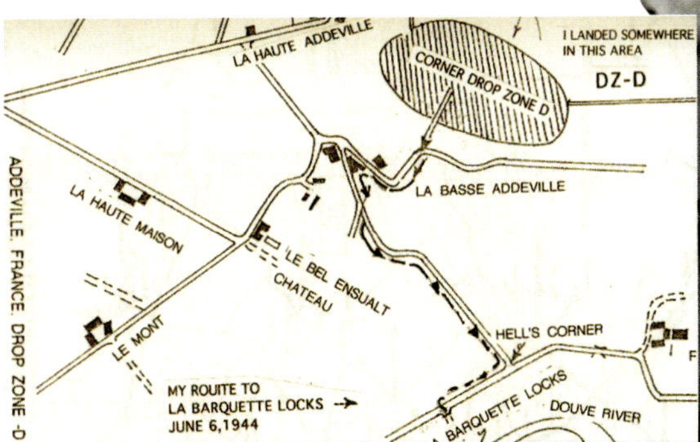

Leo Francis Runge, *HQ 501st* : un Autrichien pour recevoir la reddition allemande...

Leo Runge est né en Autriche, le 8 août 1923. Ses parents émigrent au Canada, puis déménagent aux Etats-Unis. Il s'engage dans l'US Army afin de devenir citoyen américain. Il choisit les parachutistes et se retrouve au *Demolition platoon* de la compagnie HQ du *501st* de Howard Johnson.

Il saute dans la cour du Château Bel Esnaut le 6 juin, et parvient à s'échapper et à rejoindre le secteur de la Barquette. En chemin, il voit les corps du Lt Colonel Carrol, chef du *1/501st*, et du lieutenant John Atkinson, de la compagnie HQ du *1/501st*.

Vers 15 heures, le mercredi 7 juin 1944, le *Colonel* Howard Ravenscroft Johnson, CO du *501st Parachute Infantry*, tient son objectif premier, l'écluse de la Barquette. Il aperçoit, venant du Nord-Est et de Sainte-Marie-du-Mont, une importante force marchant nonchalamment à travers les marécages. Johnson a avec lui environ 250 hommes positionnés de part et d'autre de la Douve. Il met environ 150 *troopers* et 6 de ses 8 .30 cal en position le long de la petite route qui mène à Pénème, à une intersection qui prendra bientôt le nom de *Hell's corner*. A 16 heures, alors que les Allemands, vite identifiés comme constituant le 1er bataillon du *Fallschirmjäger-Regiment 6* du *Major* Friedrich August Baron von der Heydte, commandé par le *Hauptmann* Emil Preikschat, ne sont plus qu'à 300 mètres, Johnson fait ouvrir le feu. Les Allemands s'aplatissent dans les hautes herbes des marais, se planquent dans les canaux et fossés et subissent de lourdes pertes. Ils tirent une fusée qui déclenche sur les Américains un tir de mortier venant de Saint-Côme et de Carentan. Au bout de 30 minutes de fusillade intensive, Johnson sait qu'il tient les Allemands à sa merci. Mais il sait surtout qu'il est dangereusement à court de munitions. A 6h30 le matin même, l'*US Air Corps* avait tenté de le réapprovisionner mais les bundles étaient tombés chez les Allemands, et pas une balle n'avait pu être récupérée. Les *Fallschirmjäger* sont au nombre de 500. S'ils réalisent à quel point les *troopers* sont à court, ils peuvent, par leur seul nombre, déborder Johnson. C'est alors que les premiers cris de « Kamerad » retentissent dans les marais. De plus en plus d'Allemands semblent vouloir se rendre. Johnson décide alors de négocier la reddition totale des *Fallschirmjäger*. Il prend deux soldats pour lui servir d'escorte et d'interprète. C'est là que l'histoire et les témoignages divergent.

Ci-dessus : *Hell's Corner* est l'intersection au nord-est des écluses de la Barquette.

Ci-contre : Leo Runge, avant de s'illustrer à *Hell's Corner*, Leo Runge se fait remarquer au château Bel Esnaut. Il saute depuis le même avion que Johnson et, dès l'atterrissage, entreprend de « visiter » le château qui abrite nombre de soldats allemands. Il en tue plusieurs avec son pistolet avant de prendre le chemin de la Barquette... (Mark Bando)

Ci-dessous : photo prise après les combats à l'intersection désormais appelée *Hell's Corner*, le coin de l'enfer... (US Army)

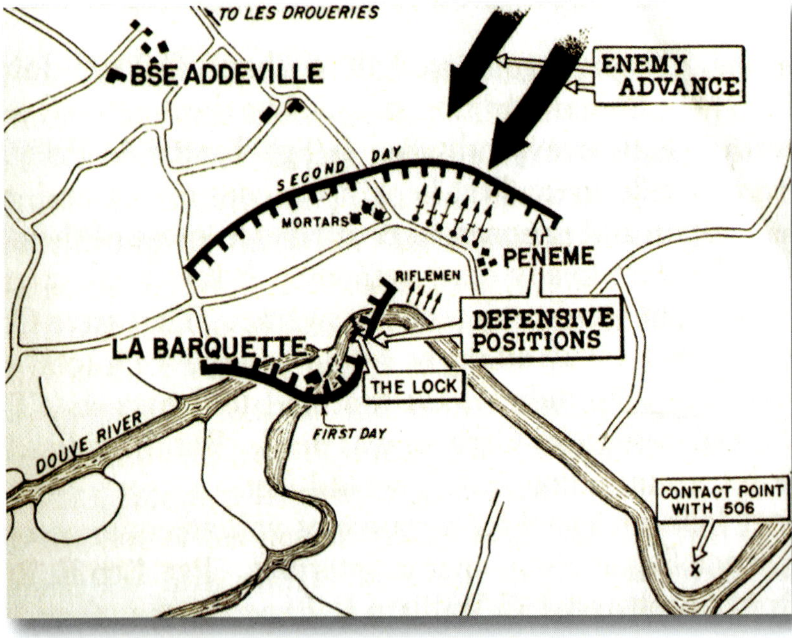

La bataille de *Hell's Corner*, environ 150 parachutistes du *501st* prennent en embuscade quelque 500 *Fallschirmjäger* allemands. Seuls 26 parviendront à rejoindre Carentan.

Les lieutenants Rapport et Northwood, les paras-historiens officiels de la *101st*, désignent le *Pvt.* Leo Francis Runge, *demo platoon RHQ 501* et *T5* William F Lenz comme étant ces hommes, tandis que William Critchell, *501st Trooper* et auteur de l'histoire du *501st*, désigne le *Pvt.* Robert Nicolai et Norman Blanchette. Récemment, Birdlegs Dickson, de *C/326th Abn Engineer Bn,* a déclaré avoir accompagné Johnson dans ses tentatives de « Parley ». (Son casque serait au musée du DMC)

Runge-Lenz ou Nicolai-Blanchette ? Il semble que Johnson ait, en fait, effectué deux tentatives de parlementer. La première, avec Runge et Lenz, avorte, alors que les trois hommes ont progressé vers les Allemands sous drapeau orange attaché au fusil de Runge. Les Allemands stoppent leurs tirs, mais pas les Américains, à la grande colère de Johnson qui a ordonné le cessez-le-feu. Les *FJ* restent planqués, puis ouvrent à nouveau le feu. Runge est touché au bras et Johnson à la main. La fusillade reprend de plus belle, et les trois « parlementaires » refluent en rampant vers les lignes américaines. Trente minutes plus tard, le feu baisse d'intensité et de nouveaux cris de «*Kamerad*» retentissent. Un Allemand s'approche, expliquant que ses camarades veulent se rendre, mais que leurs officiers menacent de les exécuter en cas de reddition. Johnson envoie Runge chercher un drap blanc dans une ferme à Pénème. Il le donne à l'Allemand blessé à la main et lui dit de retourner vers ses officiers pour les informer qu'ils ont 30 minutes pour jeter casques et fusils, et avancer mains levées vers les forces américaines. L'Allemand repart, et la fusillade reprend. 30 minutes plus tard, de nombreux Allemands, sans casque et désarmés, commencent à se lever. Mais des tirs partent des lignes US. Tout proche de Johnson, un lieutenant Owens s'applique à faire des cartons sur les Allemands qui se rendent. Johnson lui botte le Q si fort qu'Owens s'étale de tout son long.

Il est 18 heures et, pendant les trois heures qui vont suivre, une longue colonne de prisonniers allemands va quitter les marais vers Pénême. 150 *FJ* ont été tués, 350 partent en captivité, 25 auraient réussi à rejoindre Carentan... Johnson déplore 10 tués et 33 blessés. L'officier allemand commandant le 1er bataillon du *F.J.-Regt, 6*, le *Hauptmann* Emil Preikschat s'avance. Il refuse d'être désarmé, en appelle à la convention de Genève, prétend vouloir négocier... Johnson le pousse dans la colonne de prisonniers avec un haussement d'épaules.

Dernier acte de cette journée du 7 juin. Alors que la longue colonne de prisonniers allemands occupe la petite route vers Pénême, un 88 tiré de Carentan tombe sur la route, tuant une vingtaine d'Allemands, ainsi que le *Regimental Adjutant* du *501*et *PIR*, le capitaine Altus Mc Reynolds.

Runge recevra la DSC pour ses actions du 7 juin.

Saint-Côme-du-Mont sera finalement prise le 8 juin, après que l'étreinte des paras allemands sur le *2/501st* ait été desserrée par l'intervention des gros canons de la Navy *(USS Quincy)* tirant depuis le large.

Le 9 juin, le *501st* se regroupe près de Vierville, et traverse la Douve à Brévands le 10, rejoint Catz et se prépare à encercler Carentan par Saint-Hilaire-Petitville.

Le 12 juin, le *3/501st* attaque à la baïonnette la Colline 30 fortement défendue au sud de Carentan.

Les survivants effectuent la jonction avec le *506th PIR* venu de l'ouest. Le *501st* participe le lendemain aux terribles combats pour repousser la contre-attaque de la *17. SS-Panzergrenadier-Division*. Le *501st* recevra la *Presidential Unit Citation*.

Le *Hauptmann* Emil Preikschat commande le Ier bataillon du *F.J.-Regt 6* anéanti à *Hell's Corner*. il y est porté disparu...

Robert O. Nicolai, *HQ 501st* : un James Bond à la *101st*...

Robert O. Nicolai venait de Middlothian dans l'Illinois. Il avait fait la Marine Marchande et a reçu une Bronze Star en Normandie. Selon Lawrence Critchell, auteur de *« Four Stars of Hell »*, il est aux côtés de Johnson lors des premières tentatives de négociations à *Hell's corner* avec les paras du premier bataillon du *F.J.-Regt. 6.* On le retrouve en Hollande comme garde du corps personnel et favori de Howard Johnson. Il fera fin octobre 1944 partie de la célébrissime *« Incredible patrol »*, ce petit groupe de cinq scouts de l'*Intelligence Section* de la compagnie HQ du *501st PIR* qui traversera le Rhin et ramènera 36 prisonniers au terme d'un incroyable périple derrière les lignes allemandes. Tous les membres de cette patrouille recevront la Silver Star, sauf Nicolai.

Lorsque Johnson est mortellement touché par shrapnels près de Heteren aux Pays-Bas le 6 octobre 1944, Nicolai est le premier à son chevet. Johnson, qui souffre horriblement, lui demande de le frapper pour l'assommer. Lorsque le *501st* est désactivé à l'été 45, il est reversé à la Compagnie A du *506th PIR*. Alors que le régiment est à Joigny, d'énormes quantités d'armes allemandes sont stockées dans le camp en attente de destruction. Nicolai aurait constitué ses propres stocks, plus tard revendus aux Israëliens.

Personnage hors du commun, Nicolai s'essaiera à de petits boulots après la guerre, mais son désir d'action sera le plus fort et, en 1948, il se porte volontaire pour faire partie de l'équipage du SS *Ben Hecht*, ce navire chargé de plus de 700 survivants des camps de concentration et qui tentera de forcer le blocus britannique pour rejoindre Israël. Nicolai est arrêté au large de Chypre par les Anglais, et on n'entendra plus jamais parler de lui...

Ci-dessous : Robert Nicolai (à gauche), il est le prototype du *Paratrooper* aventurier, trompe-la-mort. Sa vie est un roman, garde du corps de Johnson, membre de *« The Incredible Patrol »* aux Pays-Bas en septembre 1944, puis bourlingueur en Méditerranée après la guerre...

En haut : baïonnette au canon, il monte la garde et protège ses chefs, Howard Johnson, Julian Ewell et Robert Ballard... En Hollande près de Eerde. (US Army)

Ci-dessus : une des dernières photos de Robert Nicolai...

Johnson à Merryfield quelques minutes avant l'embarquement pour la Normandie.

« War Daddy », Colonel Howard Ravenscroft Johnson, *CO 501st Parachute Infantry*

Rarement dans toute l'histoire de l'US Army, et a fortiori, dans l'histoire de l'*US Airborne*, un commandant a été aussi fortement identifié à son régiment. Howard Ravencroft Johnson avait façonné, sculpté, ciselé son *501st Parachute Infantry* à son image, à sa conception de ce qu'une entité parachutée devait être, toute en agressivité et en dévotion à sa mission. Il ne vivra pas assez longtemps pour l'accompagner jusqu'au triomphe, mais son esprit accompagnera ses braves « Geronimos » jusqu'à la victoire, et la désactivation en juillet 1945. Howard Johnson, surnommé « Jumpy » pour son amour immodéré du saut, « Skeets », « Old man » ou « War Daddy », va en Normandie illustrer sur le terrain tout ce que l'archétype du *paratrooper* se devait être, dans l'imagination des grands chefs responsables de la doctrine *Airborne*, James Gavin, Bill Lee ou Yarborough. De l'instant où il touche le sol normand devant le portail du château Bel Esnaut, où il abat son premier allemand, son engagement héroïque à *Hell's corner* et sa conduite agressive pour boucler l'encerclement de Carentan à La Billonnerie, il sera un leader des premières lignes, aux côtés de ses hommes, prêt à faire le coup de feu et à mettre sa vie dans la balance. Il recevra, en compagnie des trois autres chefs des régiments de la *101st Airborne*, la Silver Star Place de la République à Carentan le 15 juin 1944.

Jumpy Johnson était un phénomène unique, issu du fin fond de l'Amérique pour personnifier la détermination courageuse et brutale de gagner la guerre. Cette détermination se retrouvait dans chacun de ses *paratroopers*. Johnson était né pour une mission, la Seconde Guerre mondiale. Il a vécu et a mené son combat jusqu'à ce que la guerre le consume. Ceux qui ont étudié le *501st* savent qu'il n'y eut aucun commandant de régiment comme lui durant toute la guerre. La vie, et la mort de Howard R Johnson sont les expressions d'une conviction absolue.

L'anecdote suivante se déroule alors que le *501st PIR* occupe les terres de Lady Craven à Hampstead Marshalls près de Newbury. George Coyne était du *HQ 501st*. Il décide un soir d'aller faire un tour en ville, alors qu'il n'a pas de « pass ». Il boit sa bière et, au moment de rentrer, cherche un endroit où faire le mur afin d'éviter les sentinelles. Survient une jeep ! c'est Jumpy, seul au volant comme à son habitude. Coyne est repéré. Il détale au galop mais Jumpy appuie sur l'accélérateur.

Le colonel Howard R. Johnson est le chef parachutiste par excellence, habité, animé d'une vision de ce qu'est un *paratrooper* au combat. Il a forgé le *501st PIR* à son image. Il incarnait l'esprit « Geronimo » !

Coyne décide alors de couper à travers champs, espérant ainsi décourager son colonel. Mais Johnson abandonne la Jeep et se met à le courser dans la campagne anglaise. Durant plusieurs kilomètres, Jumpy va ainsi lui donner la chasse, gagnant régulièrement du terrain. Sentant Johnson dans son dos, Coyne, à bout de souffle, finit par se jeter dans un fossé. Hors d'haleine, Jumpy l'y rejoint bientôt. Entre deux souffles, le colonel déclare à son soldat que JAMAIS aucun *Enlisted Man* ne pourra le battre à la course. Coyne n'entendit plus jamais parler de l'incident...

Johnson arrive à La Barquette aux premières lueurs de l'aube le 6 juin, en provenance du Bel Esnaut où il a atterri sous le nez de sentinelles allemandes. Il a environ 150 hommes avec lui, provenant des *1, 2 Bn* et *HQ*, avec quelques « stragglers » du *506th*. A 200 mètres de l'écluse, il reçoit un tir de mortiers et de 88. Il envoie 50 gars pour traverser l'écluse et occuper la rive sud de la Douve. *Pvt.* Campos est le premier à atteindre l'autre rive. Il est blessé par un mortier qui lui arrache un œil et lui casse le bras. Les autres *troopers* investissent la maison du gardien qui est inoccupée. Ils occupent quelques positions de défense allemandes abandonnées et trouvent un *trooper* du *506th* avec la jambe arrachée.

Johnson maintient cette petite force qui s'enterre dans des trous d'hommes. Toute la journée du 6 juin, ces *troopers* vont être copieusement arrosés par l'artillerie allemande de Carentan, des tirs de snipers embusqués, et vont devoir repousser quelques tentatives d'infiltration.

Il existe à ce point une petite controverse ; Johnson repart de La Barquette qu'il croit sécurisée pour aller chercher le *Major* Allen et ses hommes bloqués à Basse Addeville. Quand il revient dans l'après-midi du 6 avec toutes ses forces vers la Barquette, d'aucuns prétendent que tous les *troopers* au sud de l'écluse s'étaient faits la malle! Johnson tué en Hollande le 5 octobre ne pourra jamais être interrogé là dessus.

Une cloche dans la nuit...

Le *2/501st PIR* s'était entraîné en Angleterre à se rassembler après un saut, en utilisant le son d'une cloche de bronze, et une lampe fixée au sommet d'un piquet pour les sauts de nuit. Bien que ces deux dispositifs se soient avérés efficaces à l'entraînement, ils ne furent pas maintenus pour le saut du 6 juin. Le lieutenant Ed Allworth était S-1 du bataillon, adjoint du colonel Ballard. Il avait avec lui, à bord du C-47 qui l'emmenait en Normandie, un equipment bundle personnel, rempli de papiers administratif, carnets et de fournitures nécessaires à son travail. Il y a avait rajouté l'une des cloches de bronze qu'il s'était procurée dans un magasin d'antiquités à Newbury, pensant qu'elle pourrait s'avérer utile une fois au sol. Son bundle était fixé à un parachute de secours, et relié à sa main par une petite corde. Lorsqu'il le largue tout en sautant, la violence de la vitesse de l'appareil brise la corde et manque de lui arracher un doigt. Il ne retrouvera jamais son *Equipment Bundle*. Ed sera blessé par des éclats de grenade à l'aube. C'est cependant à lui que Robert Ballard confie la mission d'organiser un poste de secours à Angoville-au-Plain. Ed installe l'infirmerie dans l'église, avec les *Medics* Bob Wright et Kenneth Moore. Toute la journée du 7 juin, les combats vont faire rage autour de l'église entre les *Fallschirmjäger* et des *troopers* du *3/506th* et de *C/326th AEB*. La cloche sera retrouvée des décennies plus tard près de la ferme de Tamerville.

Le 2e bataillon du *501st PIR* comptait, pour rassembler ses hommes le plus rapidement possible la nuit du 6 juin, sur une lanterne fixée au bout d'une tige, et sur une cloche. Ni l'une ni l'autre ne seront retrouvées une fois au sol, la force de l'ouverture des parachutes les ayant arrachées. Ed Allworth est l'homme qui installera une infirmerie de campagne dans l'église d'Angoville-au-Plain, où interviendront sans relâche les *Medics* Bob Wright et Ken Moore.

Longtemps attribuée au *508th PIR*, cette cloche, retrouvée près de la ferme de Tamerville, serait bien celle perdue par le *Lt.* Allworth lors du saut du 6 juin. (Collection privée.)

Father Sam à Blosville. (US Army)

Francis L. Sampson, *501st Parachute Infantry Chaplain, 101st Airborne*, le Saint du *501st* !

Francis L. Sampson est né le 29 février 1912 à Cherokee dans l'Iowa. Il étudie à l'Université Notre Dame puis au séminaire de Saint-Paul dans le Minnesota où il est ordonné prêtre le 1er juin 1941. Moins d'un an après son entrée dans les ordres, Francis L. Sampson reçoit de son évêque de Des Moines, l'autorisation de s'engager en 1942. Il suit, à partir de là, les cours de l'Ecole de Chaplains à Harvard. Sans trop savoir où il met les pieds, il se porte volontaire pour les *paratroops*, ne pensant pas une seule seconde qu'on pourrait lui demander de sauter d'un avion en parfait état de marche. Il se retrouve pourtant, début 1943, à la *Parachute School* de Fort Benning où il suit sans faveur aucune les quatre étapes de la formation de parachutiste, avec à la clé ses cinq sauts et ses wings. Il est alors envoyé à camp Mackall le 7 juin 1943 où le *501st Parachute Infantry Regiment* est à l'entraînement sous les ordres du terrible Howard Jumpy Johnson. Un an plus tard, dans la nuit du 6 juin, il saute en Normandie avec le *501st* au départ de Bedford, et atterrit dans une petite rivière avec un fort courant. Il y perd tout son matériel religieux et médical, et doit plonger à cinq ou six reprises pour le récupérer. Scène qu'on retrouve dans « *Le jour le plus long* », mais à la sauce anglaise. Il ne cite pas précisément la Douve, mais parle d'une petite rivière avec un fort courant.

Peut-être s'agit-il de La Douve puisque, lorsqu'il parvient à se libérer de son parachute et à regagner la berge, il voit passer au-dessus de lui un avion en difficulté qui s'écrase à quelques centaines de mètres dans une grande boule de feu. Peut-être s'agit-il du Lancaster crashé au lieu-dit « Les rats ». Il rejoint ensuite la ferme Fortin où Father McGee du *506th* soigne, en compagnie d'une famille française, 25 *paratroopers* blessés. Il sera témoin, un peu plus tard, de la mort de la femme française (Odette Fortin) et de la petite Georgette Revet, tuées en allant quérir de l'eau au puits pour les blessés. Il prend ensuite en charge une *aid station* établie dans une ferme à Basse Addeville (Photo). Les Allemands du *F.J.-Regt. 6* s'emparent de la ferme. Deux *Fallschirmjäger* le plaquent contre un mur et vont l'abattre quand un jeune sous-officier bavarois lui sauve la vie. Sampson s'active trois jours à aider du mieux qu'il peut les 18 GIs blessés dans la ferme jusqu'au retour de son régiment. La grange aura entre-temps été partiellement rasée par des bombardements, tuant en s'écroulant deux blessés graves. Sampson travaillera ensuite comme *medic*, au Château Colombières, jusqu'à ce que, là aussi, les murs ne s'effondrent sous les bombardements de la Luftwaffe. Une fois ses blessés bien pris en charge, Sampson propose à l'un des médecins exténué de le remplacer. Sampson attaque sa troisième nuit sans repos et, au petit matin, quand on manque de sang pour sauver un blessé, il se propose spontanément...

Sampson sautera ensuite sur la Hollande. Là encore, il tombe... dans les douves du château de Heeswijk ! Il est à Bastogne en décembre 44 et part la veille de Noël avec sa jeep là où, lui a-t-on dit, se trouvent des GI's blessés. Il ne trouve pas les blessés mais tombe sur un groupe d'Allemands. Il finira la guerre en Stalag. Mais Sampson n'en a pas fini avec la guerre. Il accompagnera la *101st* en Corée puis au Viet Nam, avec le rang de lieutenant colonel.

Francis Sampson : image iconique de « Father Sam » au cimetière provisoire de Blosville. Le chapelain catholique du *501st* atterrit, probablement dans la Douve. Il se rend à la ferme Fortin près de Pénême pour y aider le *padre* du *506th*, Tidlen McGee, à installer une infirmerie. Il part ensuite à Basse Addeville où il installe une autre « *aid station* ». Il échappe à l'exécution sommaire et se rend à Blosville, puis au château de Colombières... l'activité de cette légende du *501st* durant les premiers jours de l'invasion est tout simplement... surhumaine, et Johnson demandera la Medal of Honor pour son *chaplain*, demande rejetée, Taylor ayant décidé qu'une seule MoH serait attribuée à la division pour toute la campagne de Normandie.

Rudy Korvas
La mort avant le déshonneur

Moins célèbres que les *Filthy 13*, car n'ayant pas eu le coup de chance d'avoir une équipe des *Signal Corps* pour filmer leur embarquement à Exeter le 5 juin, puis une large diffusion dans le *Stars and Stripes* d'août 1944, les *Dirty 13* avaient vu le jour dès 1943 à Camp Mackall. Il s'agit d'un groupe de copains du *First platoon*, *F/501st PIR* qui était en réalité 12. Mais désireux de faire un pied de nez au destin, ils se bombardèrent les *Dirty 13*. Leur signe de reconnaissance était une tête de mort avec tibias croisés tatouée sur leur avant-bras gauche. Quand John Zeilmeier les rejoignit, il se fit tatouer le logo sur le bras droit. Parmi ces *Dirty 13*, on connaît Claude V. Williams, Oris Loudermilk (Co. HQ-KIA Bastogne), *S/Sgt* Spencer R. Hayes (KIA Holland), Joe Bass (KIA Korea), John R. O'Keefe, Rudy Korvas, Arthur Sherman, John Zeilmeier, et Glen Haley. D'autres pourraient être, sous réserve de confirmation, Alvie K. Griffith *(KIA Holland)*, John Henry Poe, Leroy Prahm *(KIA Normandy)*, Joseph Rippy (*Co. HQ-KIA Bastogne)*. Leur devise ; *la mort avant le déshonneur*.

Un soir en Normandie, tout de suite après l'invasion, Rudy Korvas entre dans une grange et surprend un Allemand en plein sommeil. Les deux hommes se battent à main nue, et Rudy le tue. Il s'empare du *« Soldbuch »* (livret militaire) du soldat, et en arrache la photo. Jusqu'à sa mort en 2002, Rudy conservera la photo de cet Allemand sur lui. Ses proches disent qu'il la regardait souvent, sans jamais en donner la moindre explication. Rudy sera blessé lors de l'assaut de la Colline 30 au sud de Carentan le 13 juin 1944.

Ci-dessus : Rudy Korvas en France en fin de guerre, en compagnie de Francis 'Gus' Brown, Rudolph Korvas, inconnu, et John Roberts. (Mark Bando)

Ci-dessous, à gauche : Rudy Korvas, moins célèbre que les *Filthy 13* (absence de coupe de cheveux à l'iroquoise sans doute), les *Dirty 13* était un groupe de copains très unis du *1st Platoon, F/501st.*

Ci-dessous : le secteur de Beaumont et Angoville-au-Plain sera, deux jours durant, le théâtre de combats de haies, à vue et au corps à corps, entre paras allemands et américains.

En bas : insigne de col du *501st*. (Collection privée)

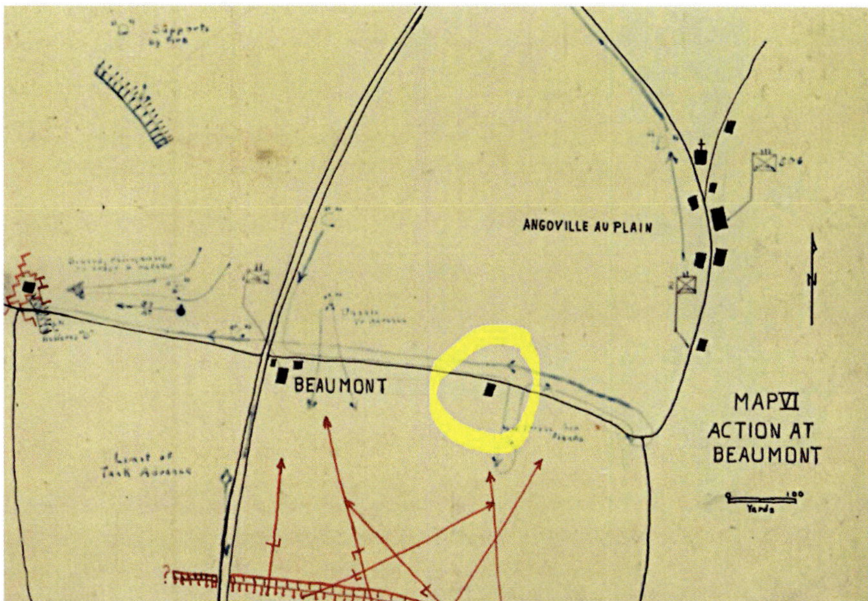

Fait prisonnier très rapidement, Johny Gibson va assister souvent impuissant aux souffrances de ses camarades blessés faits prisonniers, et conduits sans ménagement vers l'arrière, Saint-Lô et *starvation Hill*, et pour les plus grands blessés, le *Front-Stalag 221* de Rennes où l'armée américaine les libérera dans le courant du mois d'août. Situé dans l'école Jean Maté, ce Stalag a accueilli un grand nombre de parachutistes des *82nd* et *101st Airborne* faits prisonniers en Normandie. Johny Gibson n'atteindra le Stalag que fin juillet, ses gardes allemands l'ayant gardé avec eux comme *Medic* durant toute leur retraite en Normandie, et jusqu'à Mortain. Le 35e hôpital d'évacuation *(35th Evacuation Hospital)* fut déplacé de Carentan à Rennes le 4 août et, après une nuit complète de voyage en camion, s'installa et fut opérationnel le 5, à 11h30, traitant 600 prisonniers de guerre libérés, la plupart en mauvaise condition physique.

John W. Gibson : des *Paratroops* à Mister Arizona

John W. « Johnny » Gibson est né un 27 août 1921 à Humbolt, Dakota du sud. Il est décédé en Arizona en 2010. Il avait rejoint l'US Army dès le 4 septembre 1942 à Tucson, Arizona, et avait demandé à intégrer les *paratroops*. Il suit sa formation à Toccoa, avant la *Parachute School* de Fort Benning, au sein de *G/506th*. Très sportif, il s'intéresse à tout ce qui touche à la remise en forme et intègre l'équipe de boxe du régiment.

Il saute avec la *101st Airborne* sur la Normandie le Jour J en tant que *Medic* (infirmier) rattaché à la Compagnie HQ du *3/506th*. Il est capturé au lever du jour le 6 juin et conduit à Rennes, où les armées de Patton le libéreront le 4 août 1944. Il pourra ainsi retrouver son unité pour sauter en Hollande, et participer au siège de Bastogne. Il reçoit une balle dans le poumon et dans le foie le 9 janvier près de Noville dans les Ardennes Belges, alors qu'il panse son capitaine Jim Morton. Il sera hospitalisé durant onze mois, avant d'être démobilisé le 5 décembre 1945 avec le grade de sergent.

Il atterrit dans un champ en bordure d'une ferme, non loin de Carentan, probablement du côté de Saint-Côme. En tant que *Medic*, il ne porte qu'un poignard pour seul armement. Son brassard à la croix rouge brille dans la nuit, et il préfère l'enlever par crainte d'être repéré par les nombreux Allemands qui tirent tout autour de lui. En actionnant son « clicker », il parvient à se faire reconnaître de son ami Charles Lee qui avait sauté juste avant lui, ainsi que George Rosie, du *platoon* de mortiers de 81 mm. George Rosie était un gaillard qui pouvait tenir à bout de chaque bras un tube de mortier de 81 mm. Les trois hommes sont les témoins du crash d'un C-47 en flammes. Vite rejoints par quatre hommes de leur « stick » (ensemble de parachutistes embarqués en un même avion, entre 15 et 20), ils cheminent vers leur objectif, les ponts de Brévands. C'est alors qu'ils tombent nez à nez avec un important groupe d'Allemands, près d'une centaine d'hommes. Les soldats Abbey et Ronzani tombent sous les rafales de mitraillettes. Gibson, ses amis Rosie et Swanson sont capturés. Seul Lee parvient momentanément à s'échapper. Il est vite encerclé et abattu. Abbey et Ronzani agonisent, sans que Gibson ne soit autorisé à les approcher et à leur porter secours. Il est emmené sous bonne garde vers Carentan. En entrant dans la ville, il est brutalement insulté et bousculé par une femme qui lui crache au visage. Il va passer la nuit dans un abri à cochons. Le lendemain, il aperçoit dans une charrette Charles K. Lewis, un Indien de l'Idaho dont la jambe droite est arrachée. Commence pour Johnny une longue marche à travers la Normandie jusqu'au Stalag 221 à Rennes. C'est là que les troupes américaines le libéreront début août 1944.

Il reprendra son rôle de *Medic* au sein de *HQ 3/506th*, et sautera en Hollande dans le cadre de *Market*. Puis viendra Bastogne, et sa terrible blessure du 9 janvier 45.

De retour aux Etats-Unis, et après de longues hospitalisations, il récupérera et deviendra en 1950 et 1951, Mister Arizona.

C'était l'adversaire... Le *Fallschirmjäger-Regiment 6* face aux *Screaming Eagles*

La défense de Carentan, au moment du débarquement, était assurée par le *Fallschirmjäger-Regiment 6* et ses 3 457 hommes. Commandé par le *Major* Friedrich August Freiherr von der Heydte, ce régiment parachutiste, récemment formé à Koeln-Wahn à partir de cadres vétérans, mais aussi de très jeunes recrues, était près de Carentan avec, au nord, un bataillon d'*Ost-Truppen*, unité formée à partir de volontaires de l'Est, Russes ou issus de peuples divers, ici Géorgiens. Le *F.J.-Rgt. 6* était composé de trois bataillons de fusiliers, équipés de 18 mitrailleuses et de trois mortiers de 80 mm chacun. Chaque bataillon disposait en outre d'une compagnie d'armes lourdes avec 12 mitrailleuses, quatre mortiers de 80 mm et deux obusiers. En support, le régiment pouvait également compter sur trois compagnies supplémentaires, la *13.Kp.* de mortiers lourds, avec ses mortiers de 12 cm et ses 8 mitrailleuses, la *14.-(Panzerjäger) Kompanie* (antichar), et ses 4 canons de 75 antichars, 34 Panzerschecks, et six mitrailleuses. Et la *15. Kp. (Pioniere)*, compagnie de Génie, avec ses deux mortiers de 80 et ses 6 mitrailleuses mais aussi des lance-flammes. Le régiment manque en revanche cruellement de moyens de transports.

Le 6 juin, secteur de Carentan, *Generalleutnant* Marcks confie au régiment une zone allant de Lessay à Périers, incluant Raids, Saint-Georges de Bohon, Meautis et Baupte, soit une surface de 35 km sur 20 à la base de la péninsule du Cotentin.

Dès le 4 juin, de nombreux signes annonciateurs de l'invasion alertent le régiment. Des soldats d'origine alsacienne et qui servaient de chauffeurs ont déserté en nombre. Des lignes téléphoniques sont coupées et la voie de chemin de fer au sud de Périers est sabotée. A 22h30 le 5 juin, l'observation aérienne de Cherbourg signale un important trafic maritime et aérien. A 23 heures, von der Heydte est alerté et mis au courant de ces importantes concentrations d'avions et de bateaux en Manche. Peu après minuit, le Ier bataillon du *F.J.- Rgt. 6* (commandé par le *Hauptmann* Emil Preikschat), signale l'arrivée des premiers parachutistes dans le secteur de Raids. Il fait ses premiers prisonniers, qui appartiennent à la *101st Airborne Division*. Le IIIe bataillon, dans le secteur de Saint- Georges-de-Bohon, rapporte avoir également capturé un certain nombre de parachutistes américains.

Vers 6 heures au matin du 6 juin, le général Marks ordonne à von der Heydte de *« nettoyer le secteur au sud de Carentan, et d'attaquer les forces ayant atterri entre Carentan et Sainte-Mère-Eglise »*. Le IIIe bataillon est alors toujours engagé à rechercher les paras tombés au sud de la route Carentan - Périers. Von der Heydte effectue une reconnaissance à moto jusqu'à Saint-Côme-du-Mont. Depuis le clocher de l'église, il aperçoit la flotte d'invasion. Il ordonne à ses Ier et IIe bataillons de le rejoindre depuis son lieu de rassemblement à Méautis. Le IIe bataillon du *Hauptmann* Rolf Mager doit avancer de part et d'autre de la RN 13 en direction de Sainte-Mère-Eglise, et anéantir tout ennemi rencontré en chemin. Le Ier bataillon doit couvrir cette avancée en progressant vers Sainte-Marie-du-Mont. La 13e compagnie demeure en retrait, tandis que le IIIe bataillon du *Hauptmann* Horst Trebes demeure dans le secteur de Carentan. A minuit le 6 juin, le Ier bataillon est à Sainte-Marie-du-Mont tandis que le IIe bataillon est à 500 mètres au sud de Sainte-Mère. Ils font en chemin un grand nombre de prisonniers. Mais les importantes forces aéroportées américaines du secteur, *101st* et *82nd* confondues, se regroupent sur les arrières du IIe bataillon qui se trouve vite coupé de ses arrières. Von der Heydte voit le danger et ordonne à ses deux bataillons d'arrêter leur avance, et de se regrouper en un arc de défense autour de Saint-Côme-du-Mont. Le IIe bataillon accuse réception de cet ordre et le met à exécution. Mais le Ier bataillon demeure injoignable, ni par radio, ni par messager. La pression américaine vers Saint-Côme s'accentue en ce 7 juin et von der Heydte doit engager deux compagnies de son troisième bataillon à l'est de Saint-Côme pour protéger la route de Carentan contre l'arrivée de blindés américains.

A partir du 8 juin au matin, les Américains, soutenus par de fortes concentrations d'artillerie, s'infiltrent partout vers Saint-Côme et les défenses allemandes se désintègrent. Les *Fallschirmjäger* refluent vers Carentan, en utilisant la RN13 mais aussi la voie de chemin de fer. Von der Heydte ordonne la destruction du pont sur la Douve, et regroupe ses forces pour défendre Carentan. Le Ier bataillon d'Emil Preikschat est anéanti le 7 juin à Hell's corner en tentant de rejoindre Carentan via les ponts de Brévands. Seuls 25 hommes, sous le commandement du lieutenant Stenzel, rejoindront la ville.

Ci-dessus : Alexander Uhlig, *16. Kompanie, F.J.-Regt 6*. Vétéran de Pologne et de Crête, Uhlig commande une compagnie de parachutistes à Carentan. Détenteur de la Croix de Chevalier de la Croix de fer, il sera fait prisonnier plus tard durant la bataille de Normandie. Impatient d'être renvoyé chez lui après la guerre, il s'évade du camp de prisonniers en Angleterre et rentre en Allemagne par bateau. Il est décédé en 2008.

Ci-dessous : le badge de parachutiste allemand a été créé en 1936 par Herman Göring. Il était décerné aux parachutistes à l'issue de leur sixième saut. (Collection privée)

Ci-dessous : paras allemands faits prisonniers dans le secteur de Carentan. (US NARA)

En bas : Werner Ostendorff, commandant la *17. SS-Panzergrenadier-Division*, rencontre von der Heydte au sud de Carentan le 12 juin et ils lancent immédiatement leurs soldats à la reconquête de cette ville. (DR)

4. "We're taking Carentan !"

*De par sa situation à mi-distance entre les deux plages d'*Omaha et Utah*, sur un important nœud routier et ferroviaire, la petite ville de Carentan, au pied de la presqu'île du Cotentin, avait très tôt été identifiée par les états-majors tant alliés qu'allemands comme cruciale pour l'issue de la bataille d'invasion. L'âpreté des combats qui, du 8 au 13 juin, conduiront à la prise et à la sécurisation de Carentan, témoigne de l'intérêt hautement stratégique de la ville. C'est le 9 juin que le* Lieutenant General *Omar Bradley, commandant la US 1st Army, demande au chef du* VII US Corps, *le* Major General *J. Lawton Collins, responsable de la prise du Cotentin, et de Cherbourg, de s'occuper en priorité de Carentan, afin de réunir le plus rapidement possible les deux têtes de pont d'*Omaha et Utah. *Ike Eisenhower lui-même a insisté sur ce point dès le 7 juin. Le* Generalfeldmarschall *Erwin Rommel a vu le danger. Il ordonne au Fallschirmjäger-*Regiment 6 *du Major-Baron von der Heydte,* « de combattre jusqu'au dernier homme pour tenir Carentan ! ». *La 17.* SS-Panzergrenadier-Division « Götz von Berlichinghem » *fait elle route à marche forcée depuis Thouars vers Carentan avec ordre « de rejeter les Américains à la mer ». En ce 9 juin 1944, Max Taylor,* Commanding Officer *(CO) de la* 101st Airborne *annonce à Collins que tous les objectifs de son unité ont été pris. Collins lui rétorque sèchement :* « Awright, now, let's take Carentan ! »

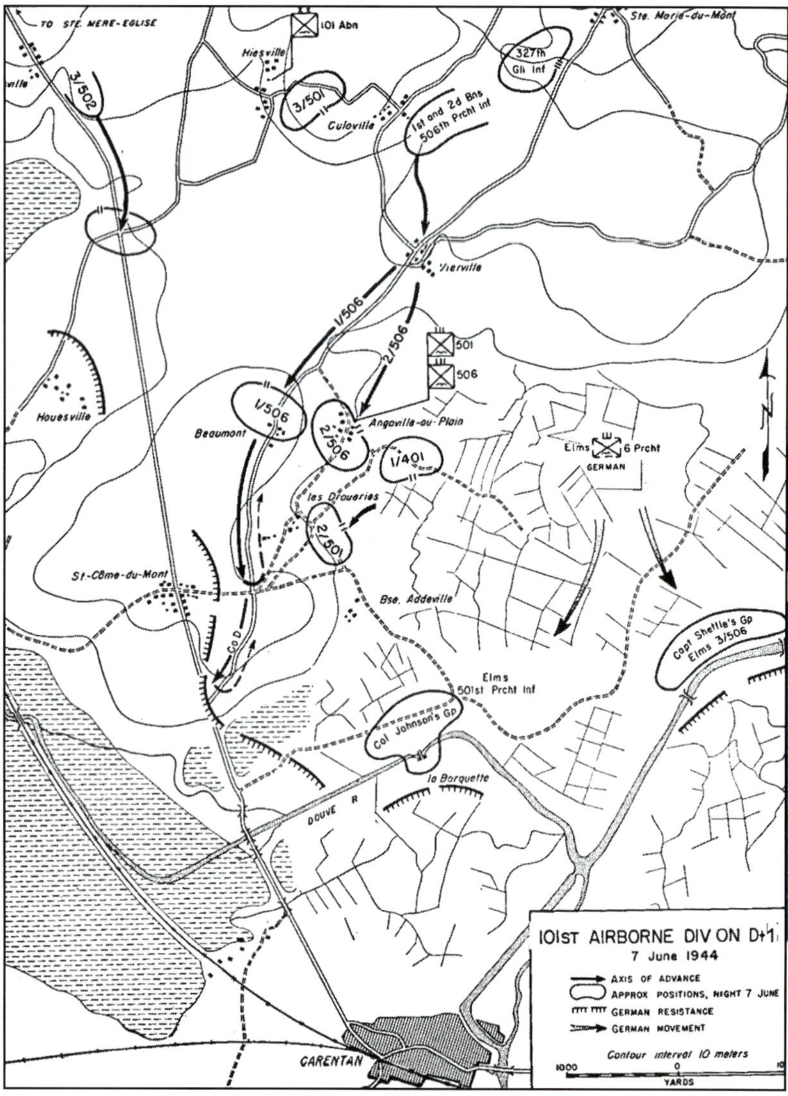

Mike Marquez était membre des *Filthy Thirteen*, les *Demo men* du *RHQ 506th PIR*. C'était aussi un cartooniste de talent, qui savait croquer avec humour et, pour les *Scrapbooks* du régiment, les attitudes de ses camarades. (Mike Marquez)

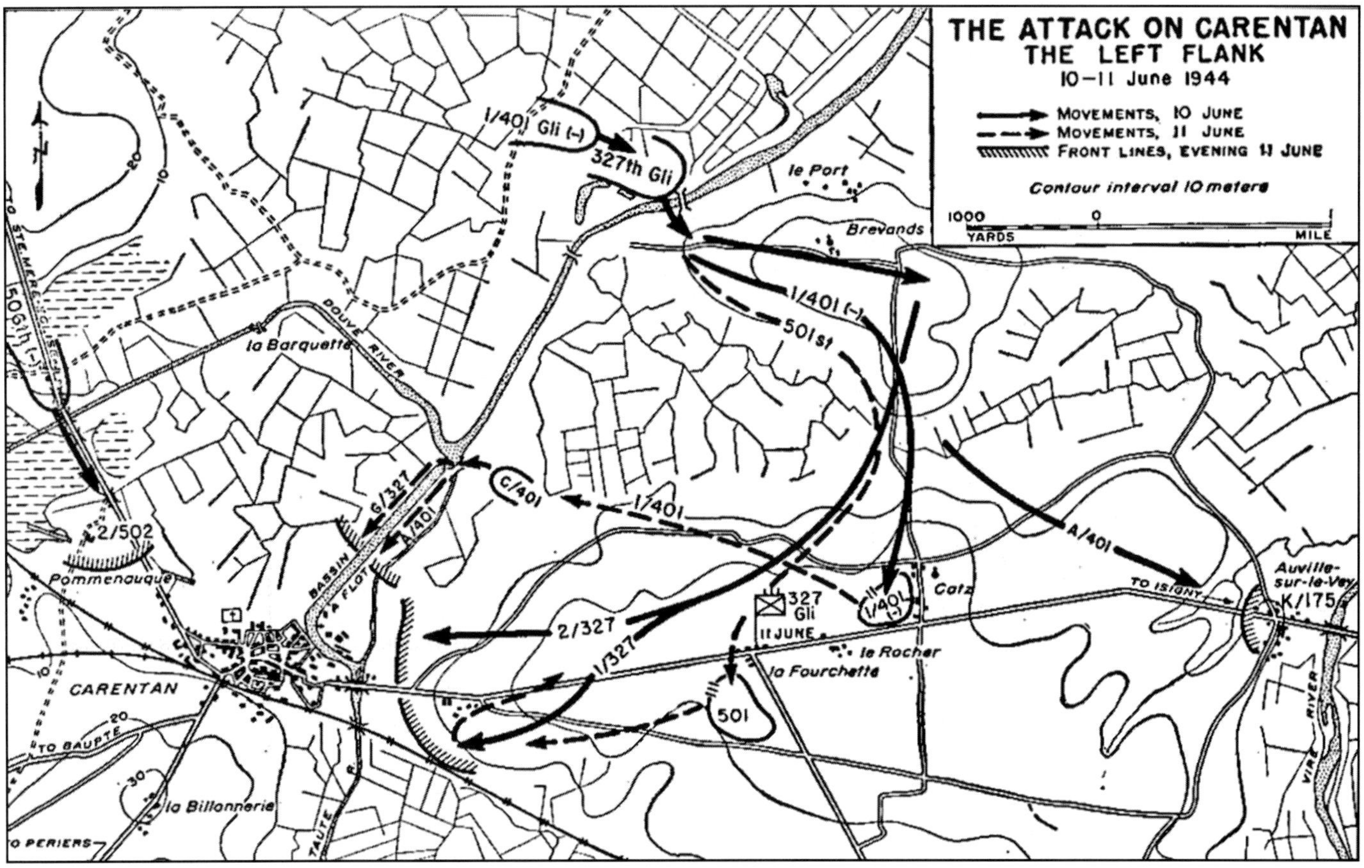

Prélude...

Au soir du 8 juin 1944, la 101st Airborne Division *a accompli toutes les missions qui lui avaient été assignées le Jour J. Son* 502e Régiment *parachutiste garde le flanc droit le long de la Douve, son 506e Régiment parachutiste est déployé le long de la route entre Saint-Côme et Sainte-Mère, et son 327e Régiment de planeurs (GIR) occupe le flanc gauche face à Brévands. Son 501e Régiment de parachutistes est lui en réserve de la division et garde le flanc gauche à l'est du* 327th GIR.

Au soir du 9 juin, ordre est donné à la 101st Airborne *de prendre Carentan afin de relier les têtes de pont des* V et VII corps *débarqués à* Omaha *et* Utah Beach.

Des patrouilles aériennes semblent indiquer que Carentan n'est que légèrement défendue et un plan d'encerclement de la ville est décidé, avec le 502nd PIR *sur la droite, et le* 327th *depuis Brévands sur la gauche. La première phase de l'offensive est confiée au* 3/502nd Parachute Infantry Regiment*, chargé à 21 heures le 9 juin d'attaquer Carentan par la chaussée (ex N13) venant de Saint-Côme-du-Mont et qui traverse les zones inondées. Un encerclement par trois côtés est ensuite prévu, et qui implique TOUS les régiments de la division, le* 327th GIR *arrivant par le bassin à flot au nord est, le* 501st *traversant le canal Vire-Taute à Saint-Hilaire-Petitville à l'est, prenant d'assaut la colline 30 et effectuant sa jonction avec le* 506th PIR *au sud de la ville. Dans la nuit du 9 au 10 juin, alors que le 3e bataillon du* 502nd PIR *poursuit son sanglant assaut au niveau du pont N°4 sur Purple Heart's lane (ex N13) à l'entrée de Carentan, le* 327th *traverse la Douve à bord de barques, de pneumatiques gonflables ou même à pieds. Vite rejoint par le* 401st*, ces gliderists seront les premiers américains sur la rive droite de la Douve.*

Saint-Côme-du-Mont tombe le soir du 8 juin. Les parachutistes allemands et les restes de la *91. Luftlande-Division* battent en retraite par le pont de chemin de fer détruit, et par la RN 13 dont ils détruisent le pont sur la Douve. Carentan, protégé sur trois azimuts par la Douve et les marais inondés, est une forteresse que les Allemands n'ont eu de cesse de renforcer.

Fort Benning, mars 1941, Omar Bradley, chef de l'Infantry School, procède à la remise des tout premiers badges parachutistes. John Michaelis est déjà de l'aventure, deuxième en partant de la droite. (US Army)

John Hershey Michaelis, *CO 502nd PIR* : un pionnier de l'*US Airborne* à Carentan...

John Hershey Michaelis est né un 20 août 1912 à San Francisco. Il saute en Normandie comme *Executive Officer* (Adjoint) du *502nd PIR*, commandé par le colonel George Van Horn Moseley. Il est alors lieutenant-colonel et peut s'enorgueillir d'être à 32 ans, l'un des pionniers de l'*US Airborne*. Il apparaît en effet parmi les tout premiers cadres du tout premier bataillon parachutiste de l'US Army. Sur cette photo datée de mars 1941, il est un des 300 premiers récipiendaires des *Parachute wings*, le brevet parachutiste dessiné par William Pelham Yarborough. A noter sur le document, la présence à gauche du général Omar Bradley, à l'époque commandant de l'*Infantry School* de Fort Benning, du *Major* Bud Miley, commandant le *501st Parachute Battalion*, et qui prendra plus tard la tête de la *17th Airborne*.

Michaelis atterrit en Normandie du côté de Saint-Germain-de-Varreville. Il se dirige ensuite avec son groupe du *RHQ/502nd* vers Audouville-la-Hubert puis Blosville. Il prend part à l'assaut plein ouest vers Houesville, où se déroulent de furieux combats face aux parachutistes allemands. Le colonel Moseley s'est brisé la jambe à l'atterrissage. Le bouillant chef historique du *502nd* dirige les combats depuis une brouette. Le Général Anthony McAuliffe observe la scène depuis Saint-Côme-du-Mont et décide de relever Moseley de son commandement et lui ordonne de rentrer en Angleterre. C'est Michaelis qui prend en charge le régiment. Il dira plus tard ; « *Moseley était comme un fou. A deux reprises, il m'avait menacé de son Colt .45...* » Michaelis coordonnera les actions dramatiques de son 1er et 3e bataillon le long de Purple Heart Lane et jusqu'au carré de choux. Il recevra la Silver Star à Carentan.

Le 22 septembre 1944, il est en Hollande à la tête du *502nd*. Un obus allemand explose juste au-dessus de son poste de commandement à Schindel. 14 officiers supérieurs dont Michaelis sont blessés. Celui-ci est évacué. Il reviendra au combat pour la bataille des Ardennes, en tant que chef d'état-major de la *101st*. Il commandera le 27e régiment d'infanterie en Corée et sera aide de camp d'Eisenhower de 1947 à 1948.

Para de la première heure, récipiendaire sur cette image des tout premiers badges parachutistes dessinés par WP Yarborough, il va grimper tous les échelons pour hériter naturellement du *502nd PIR* après que van Horn Moseley se soit brisé la jambe le 6 juin à l'atterrissage. John Michaelis fait partie de la douzaine d'officiers parachutistes cadres du tout premier bataillon de l'US Army qui deviendra général en fin de carrière. (US Army)

Un héros de Carentan, le *Lt.-Col.* Robert George Cole, *3/502nd Commanding Officer, Medal of Honor*... à titre posthume !

Son nom est indissociablement lié à la ville de Carentan, et aux combats pour la libération de la ville en juin 1944. Le lieutenant-colonel Robert George Cole a été le seul soldat de la *101st Airborne* à recevoir la *Medal of Honor* de toute la division en Normandie, selon la volonté de l'état-major général de Max Taylor, en récompense d'un fait d'arme unique, une charge à la baïonnette menée contre le poste de commandement allemand situé dans la ferme Ingouf en bordure de Carentan. Bob Cole n'aura jamais la satisfaction de recevoir sa médaille, puisqu'il sera tué par un sniper, d'une balle dans la tempe près de Best en Hollande, le lundi 18 septembre suivant, alors qu'il tentera d'installer des panneaux de reconnaissance orange au sol pour éviter que ses hommes ne se fassent mitrailler par les P47 américains. Un *trooper* de *I/502*, Robert Boyce, voit l'Allemand partir en courant d'une ferme distante et l'abat. Le *3/502*, très affecté par la perte de son leader, aura la satisfaction de le savoir vengé. Il est assez ironique de constater que les deux *Medal of Honor* de la *101st Airborne*, Bob Cole et Joe Mann, appartiennent tous deux au *502nd PIR*, et ont tous deux été tués à Best ! Le *Lt Col* Robert Cole atterrit près de Sainte-Mère. Il rassemble 70 à 75 hommes, principalement du *506th*, dont le *Lt* Dick Winters (E 506) et une douzaine d'hommes mais aussi du *505th* et *508th PIR* et se dirige vers Saint-Martin-de-Varreville et la batterie, objectif du *502*. Une heure plus tard, il tombe sur un convoi de cinq (quatre selon Koskimaki) charrettes chargées de selles pour les chevaux et de mines. Il s'en empare, tue une dizaine d'Allemands mais, dans l'affrontement, le S-4 du régiment, le *Major* J W Vaughn, est tué. Les *troopers* s'emparent des chariots et poussent jusqu'à la batterie désertée et détruite. Parmi le nombre extrêmement ténu d'hommes à le suivre dans l'assaut à la baïonnette face au poste de commandement des *Fallschirmjäger* allemands au matin du 11 juin 1944, son opérateur radio, un autre « Bob », Robert E. Doran, âgé de 21 ans et originaire de New-Haven Connecticut. Doran sera tué quelques minutes avant Cole en Hollande, par un tir de mortiers.

Cole, né un 19 mars 1915, avait très tôt choisi l'armée, suivant l'exemple de son père, colonel dans l'US Army. Il sort de West Point en 1939, (même classe que Harry Kinnard et Julian Ewell !!) et est affecté au *15th Infantry Regiment* en 1940, où il sert sous les ordres d'un certain... Dwight David Eisenhower... Il arrive en mars 1941 à Fort Benning où il obtient ses *wings* au sein du *501st Parachute Infantry Battalion*. Il est nommé capitaine en mars 42. *Major* en octobre 42, puis *Lt Colonel* en septembre 43. L'historien américain la *101st Airborne,* Mark Bando, en dresse un portrait saisissant : « *Le Lt Col. Robert G. Cole, commandant du 3/502nd, était un homme de grande taille, mince et musclé, doté d'une forte voix grave, qu'il n'essayait jamais d'atténuer. Il portait son calot rejeté en arrière, et menait son bataillon d'une main de fer. Il parvenait à contrôler ses irréductibles "troopers" par simple intimidation. Un de ses hommes, Ralph Kelly, admettait volontiers "avoir plus peur de Cole que des Allemands".* »

A 6h15 ce dimanche 11 juin, Cole demande un tir de barrage de fumée. Il informe le peu

Bob Cole échange quelques mots avec Ike à Greenham Commons, quelques minutes avant le grand départ... (US Army)

A gauche : Cole à Bragg. Notez l'absence du « *Airborne Tab* » au-dessus du SSI de la *101st AB*. Ce *Tab* n'a été autorisé que fin août 1942. (US Army)

Bob Cole, sorti de West Point avec la promotion de 1939, celle qui a vu passer tant de grands chefs *airborne*, Billy Boyle *(517th)*, Harry Kinnard *(501st)*, Edwin Ostberg *(507th)*, Billy Turner *(506th)*, Shields Warren *(508th)*, Carl Buechner *(506th)*. (US Army)

Survivants de la charge, les vainqueurs devant la ferme Ingouf, poste de commandement des *Fallschirmjäger* ; *Lt. Col.* Robert G. Cole, *1st. Sgt.* Hubert Odom (DSC, G/502), *Staff-Sgt.* Robert P. O'Reilly *(HQ, 3/502)*, et *Maj.* John P Stopka *(XO, 3/502)*. (US Army)

d'hommes qui l'entoure de sa volonté de profiter de cet écran de fumée pour charger la ferme Ingouf à la baïonnette. A son coup de sifflet, seulement une vingtaine d'hommes, qui ont perçu l'ordre dans le tumulte et le vacarme des tirs allemand, se lèvent et le suivent. John Stopka, son *Executive Officer*, relaie l'ordre et s'élance, suivi d'une cinquantaine d'hommes des compagnies, H, G et HQ du *502nd PIR*. Joel Mehall, Albert Kushmerick, Bernard Sterno et Robert Doran, opérateur radio de Cole sont de ceux-là. Trois hommes du *377th PFAB* décimé, suite à de désastreux largages, parviennent à rejoindre Saint-Côme-du-Mont depuis Valognes. Ils reçoivent l'ordre de combattre comme simples soldats d'infanterie, et se trouvent mêlés aux événements. Il s'agit des sergents Arthur Parker, William Brown et Crowley. Le sergent Kenneth M Specker et le *Private* Roach sont les premiers à atteindre la ferme Ingouf. Ils font sauter la serrure et se précipitent dans la maison, poursuivant par la porte de derrière deux Allemands qui tentent de s'échapper. Le *Lt* Edward A Provost a suivi Cole dans la charge avec 9 hommes. Il attaque avec cinq survivants une *pillbox* entre la ferme Ingouf et la Madeleine. Avec le T5 james O. Brune, ils tuent les défenseurs à la baïonnette. 150 hommes du *3/502* parviennent à la ferme. Ils s'enterrent le long des haies de part et d'autre de la ferme. Cole envoie un messager afin que le *Lt-Colonel* Patrick F Cassidy envoie son *1st battalion* du *502nd* en renfort. Débute alors la bataille du carré de choux pour élargir le périmètre défensif autour de la ferme Ingouf, désormais poste de commandement de Robert Cole

Une charge à la baïonnette qui vaudra la Médaille d'Honneur du Congrès à Robert Cole.

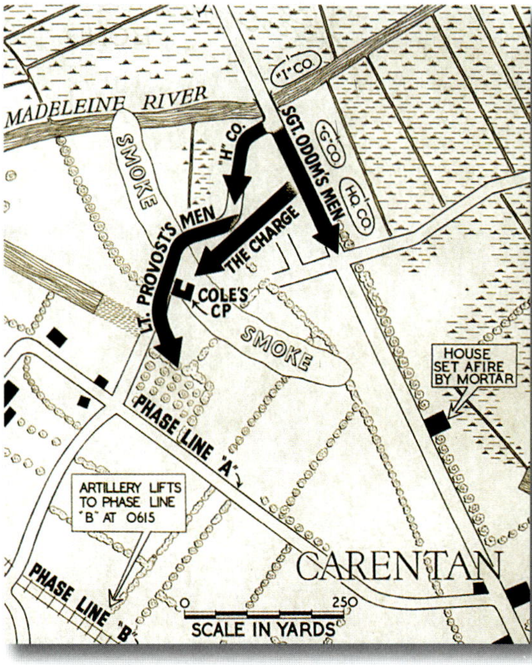

Vincent Utz, *HQ 506th* : héros avant, pendant, et après guerre

Vincent « Vinnie » Utz est un héros à double titre. Star du Football Universitaire US, né dans le Connecticut, il est recruté par Rutgers University. Il devient rapidement capitaine de l'équipe de foot US au début des années 40 au poste de fullback. Star de l'équipe, on le surnomme « Wizard of Utz ». Il s'engage en 1941 et rejoint la *101st Airborne*. Affecté au *506th PIR*, il intègre la S-2 section du Régiment, la section chargée de collecter les renseignements sur l'ennemi. Il est à deux reprises promu caporal, mais chaque fois dégradé suite à des incartades lors de permissions à Londres.

En tant que membre de la section S-2, il confectionne les fameuses « sand table » de l'invasion, ces maquettes terriblement réalistes des zones de sauts que chaque soldat se devait de mémoriser lors des jours précédant l'invasion. Il se souvient avoir dû ensuite les piétiner pour les détruire quelques heures avant l'embarquement. Il saute du même avion que Bob Sink, le boss du *506th PIR*, qui le force à se noircir le visage en utilisant la suie des pots d'échappement des C-47. Il atterrit dans un verger en bordure de sa *Drop Zone*, entre Hiesville et Blosville. Il reste un moment accroché à un arbre. Il avait sauté avec son fusil déjà assemblé et coincé sous son bras. Il parvient à se libérer et tombe sur un autre membre de la section S-2, le *S/Sgt* Gunther Haiman, juif d'origine autrichienne. Il lance dans la nuit le mot de passe *« Flash »* (auquel Haiman aurait dû répondre par *« Thunder »*). Mais dans sa grande confusion, celui-ci répond *« Kamerad »* en sa langue natale! Plus tard, Vinnie retrouve brièvement son officier commandant, le capitaine Ed « Frosty » Peters, qui sera tué peu après. Il demeure avec Sink dans une ferme durant toute la journée du 6 juin.

Vinnie gagnera une *Bronze Star* en Normandie, et une *Silver Star* en Hollande lors d'une patrouille de reconnaissance dont il ne réchappera que grâce à un jeune Néerlandais qui lui donne sa bicyclette pour s'échapper. Deux jours après le début de la bataille des Ardennes à Bastogne, le bras de Vinnie est emporté par un éclat d'obus. Il est évacué avant l'encerclement, et sera rapatrié aux USA à bord du *Queen Mary*.

Il récupère de sa blessure, et entre chez Johnson et Johnson. En 1966, un feu se déclare au domicile de son père à Metuchen, dans le New Jersey. Celui-ci est atteint de la maladie de Parkinson et Vinnie, bien que privé d'un bras, se précipite à son secours. Il lui sauve la vie mais succombe dans l'incendie.

Vinnie Utz, *Bronze Star* en Normandie et *Silver Star* en Hollande. Vinnie aurait pu jouer pour l'équipe de football de la *101st Airborne*, coaché en Angleterre par un certain... Robert Cole !

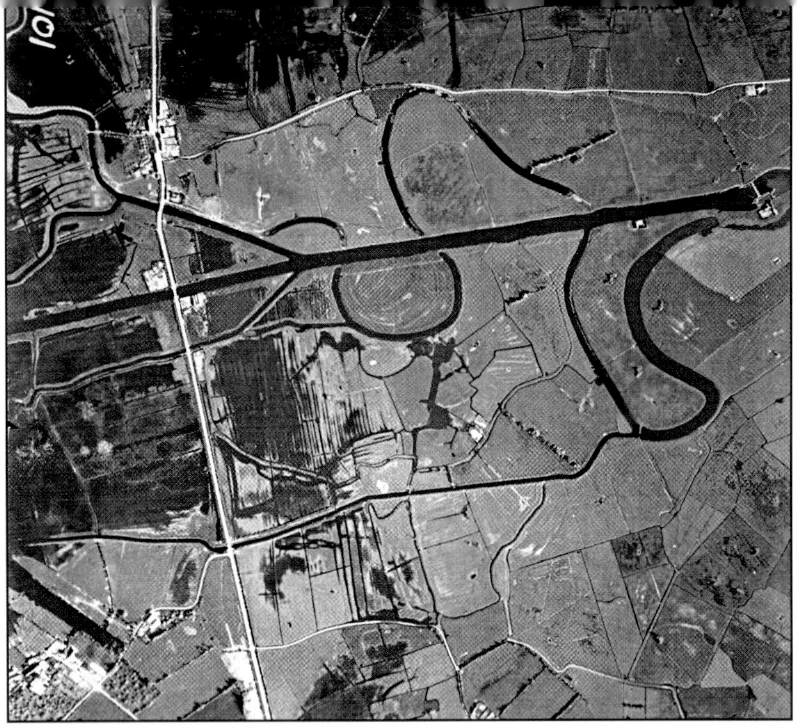

En haut : vue aérienne du secteur nord de Carentan, vers Saint-Côme-du-Mont, et les quatre rivières à franchir avant d'atteindre le carré de choux et la ferme Ingouf, du nord au sud, la Jourdan, la Douve, la Groult et La Madeleine.

Au centre : vue de 1944 de la ferme Ingouf, au premier plan, et les quatre ponts à franchir au milieu des zones marécageuses inondées.

En bas : le pont sur la Jourdan, obstrué d'obstacles comme ce portail Cointet.

Purple Heart Lane

Le pont N° 2, après le lieu-dit les ponts d'Ouve et qui enjambe la Douve, a été détruit par les Allemands le 8 juin au soir. La mission d'y installer un passage provisoire est confiée aux Engineers *du* 326h AEB *le soir du 9 juin. Peu après zéro heure le 10 juin, le* Lt *Ralph B. Gehauf (officier de renseignement du 3/502) et 9 soldats mènent une reconnaissance le long de la RN 13. Ils franchissent les quatre ponts placés depuis les ponts d'Ouve jusqu'à Carentan. Ils ne déclenchent aucune réaction ennemie. Gehauf est notamment accompagné du* Sgt *O'Reilly, du* Cpl *Martin Washko, Tony Diaz de Leon* (WIA), *Carl Dayak et James White,* acting scouts.

A 4 heures le samedi 10 juin, le 3/502 se présente devant le pont N°2. Il n'a toujours pas été réparé et les Engineers *refusent d'intervenir sous le feu des 88. Cole est furieux. L'assaut est reporté et le bataillon retourne à Les Quesnils. Gehauf, toujours au-delà du pont N°4 et ne voyant rien venir, s'en retourne lui aussi vers les Quesnils à 5 heures 30 du matin, non sans avoir déclenché une virulente réponse ennemie.*

Ce n'est que vers 14 heures le samedi 10 juin que Cole lui-même, aidé de quelques soldats, établit un pont de cordes et de planches sur le pont N°2, en l'absence des Engineers *du* 326h AEB. *A 13 heures ce samedi 10 juin, le* 3/502nd PIR *reprend son avance.*

A 15 heures, la compagnie G menée par le Lt *Clements traverse à la queue leu leu ce pont provisoire N°2 et entame la périlleuse progression sur la chaussée couverte par le feu allemand. Une heure plus tard, Clements et ses hommes sont au pont N°4.*

A 18 heures, tout le bataillon, environ 700 hommes, est étiré depuis le pont d'Ouve jusqu'au pont N°4 sur la Madeleine. Les hommes sont soumis à des tirs incessants de mitrailleuses disséminées de part et d'autre de la chaussée, ainsi que des tirs d'artillerie et de mortiers. Les troopers sont totalement exposés, sans possibilité même de s'enterrer le long de la chaussée.

A 23h30 ce samedi 10 juin, c'est tout le 3/502 *qui encombre la chaussée à proximité du pont N°4 sur la Madeleine. C'est alors qu'un ou deux avions de la Luftwaffe font leur apparition et larguent leurs bombes sur la compagnie Item prise à découvert sur la chaussée. Les appareils repassent ensuite pour un mitraillage en règle.* I/502 *déplore 30 victimes.*

Le 3rd Battalion *poursuit son effort, traversant la Groult (pont N°3) et atteignant le pont N°4 au-dessus de la rivière La Madeleine. Les Allemands ont bloqué la route à cet endroit en y plaçant une « porte belge » (Belgian gate) en travers du petit pont. Les troopers ne peuvent s'y glisser que un par un, sous le feu des mitrailleuses dont les balles ricochent contre les barreaux du portail, faisant des étincelles dans la nuit. Les compagnies G et H, et une partie de HQ/3rd suit la compagnie I par ce trou de souris et les soldats se précipitent pour trouver refuge dans les fossés au nord du carré de choux, de part et d'autre de la route de Carentan.*

Au-delà du dernier pont N°4 se trouve un grand champ à découvert. Une ferme à une extrémité sert de poste de commandement aux parachutistes allemands. Les haies côté sud du champ ont été aménagées par les Allemands qui y ont construit tranchées et casemates pour y abriter un grand nombre d'hommes. A 3 heures 30 du matin le dimanche 11 juin, le capitaine Cecil Simmons et ses 84 hommes et officiers de la H Company *entreprennent de traverser le pont N° 4 et de se déployer le long de la route de Pommenauque, dans les haies et fossés,* G Company *suit avec seulement 60 hommes.*

Le HQ/3rd Battalion *dispose de 121* troopers. Item Company *est réduite en moins de 24 heures de 80 soldats et 5 officiers à 21 hommes et 2 officiers. Le Lieutenant Colonel Cole lui donne l'ordre de se replier.*

Big « Cec », Cecil L. Simmons, *H/502nd* : survivant de *Purple Heart Lane*, il succède à Cole et Stopka à la tête du *3/502nd PIR*

Cecil Simmons commandait la compagnie H du 3e bataillon du *502nd PIR* en Normandie. Policier dans le civil, il avait aussi servi dans la Police Militaire avant de s'engager dans les troupes aéroportées. Il s'était ainsi, d'emblée, rendu très impopulaire auprès de ses hommes dès son discours inaugural, avertissant les durs à cuire qu'en tant qu'ancien MP, il savait traiter les fortes têtes. Mais « Big Cec » deviendra vite un des cadres les plus respectés du bataillon. Dès le 8 juin, il s'illustre en Normandie lors d'une contre-attaque allemande du 243e Régiment d'Infanterie dans le secteur de Houesville. Sa ténacité, face à des forces supérieures en nombre, lui vaut ce jour-là une *Bronze Star*. Simmons va également se faire remarquer lors de la charge à la baïonnette de son commandant de bataillon, Robert G. Cole, vers le poste de commandement allemand retranché dans la ferme Ingouf.

Au-delà du dernier pont N°4 sur la N 13, qui surplombe la Madeleine, se trouve un grand champ à découvert. Une ferme à une extrémité sert de poste de commandement aux parachutistes allemands. Les haies, côté sud du champ, ont été aménagées par les Allemands qui y ont construit tranchées et casemates pour y abriter un grand nombre d'hommes. A 3h30 du matin le dimanche 11 juin, le capitaine Cecil Simmons et ses 84 hommes et officiers de la *H Company* entreprennent de traverser le pont N° 4 et de se déployer le long de la route de Pommenauque, dans les haies et fossés. *G Company* suit avec seulement 60 hommes.

Le *HQ/3rd Battalion* dispose de 121 *troopers. Item Company* est réduite, rappelons-le, en moins de 24 heures, de 80 soldats et 5 officiers à 21 hommes et 2 officiers, suite à la terrible journée du 10 juin. Le *Lieutenant Colonel* Cole lui donne l'ordre de se replier.

A 6h15, Cole demande un tir de barrage de fumée. Il informe le peu d'hommes qui l'entoure de sa volonté de profiter de cet écran de fumée pour charger la ferme Ingouf à la baïonnette. A son coup de sifflet, seulement une vingtaine d'hommes qui ont perçu l'ordre dans le tumulte et le vacarme des tirs allemand, se lèvent et le suivent. John Stopka, son *Executive Officer*, relaie l'ordre et s'élance, suivi d'une cinquantaine d'hommes des compagnies, H, G et HQ. Joel Mehall, Albert Kushmerick, Bernard Sterno et Robert Doran, opérateur radio de Cole, sont de ceux-là, ainsi que « Big Cec ». Ce sont ses hommes, le sergent Kenneth M Sprecker et le *Private* Roach *(H Company)* qui sont les premiers à atteindre la ferme Ingouf. Ils font sauter la serrure et se précipitent dans la maison, poursuivant, par la porte de derrière deux Allemands qui tentent de s'échapper.

Le *Lt* Edward A. Provost a suivi Cole dans la charge avec 9 hommes. Il attaque avec cinq survivants une « *pillbox* » (casemate en bois), entre la ferme Ingouf et la Madeleine. Avec le *T/5* James O. Brune, ils tuent les défenseurs à la baïonnette.

Au total, 150 hommes des compagnies H, G et HQ du *3/502* parviennent à la ferme. Ils s'enterrent le long des haies de part et d'autre de la ferme.

Cecil Simmons survivra à toutes les batailles du Régiment. Il succédera à John Stopka (tué dans les Ardennes) comme commandant du *3/502nd*, avec le rang de *Major*. Il deviendra ensuite général dans la Garde Nationale du Michigan.

Ci-dessous : Cecil Simmons, « Big Cec », héros des combats de Purple Heart Lane et du carré de choux.

Ci-dessus : quelques jours après la bataille, Simmons confère avec son commandant de bataillon, Robert G. Cole, dans une rue de Carentan…

Ci-contre : *Fairbairn-Sykes Knife*, similaire à celui évoqué par Cecil Simmons. (Collection privée)

Au soir du combat du 8 juin à Houesville, alors que la nuit est tombée, Simmons est attiré par un bruit de lutte dans un bosquet en bordure du bivouac de sa compagnie. Il s'avance, dégainant ses deux poignards, un M3 qu'il tenait lacé à la cheville, et un couteau des commandos britanniques de type Fairbairn, lacé à son avant-bras. Il découvre l'un de ses officiers subalternes aux prises avec un Allemand. Alors qu'il s'apprête à intervenir, il perçoit un mouvement dans son dos. Un autre Allemand se jette sur lui. Mais Simmons est plus prompt et lui enfonce son M3 dans l'abdomen. D'un même mouvement, il poignarde de toutes ses forces l'Allemand au visage avec le Fairbairn, au point que la lame, coincée dans l'orbite, ne peut être dégagée. Il essuie machinalement sur sa manche la lame de son M3 qu'il remet au fourreau. Le lendemain, il ouvre une conserve et commence à manger avec la pointe de ce même M3. L'officier qu'il avait secouru la veille s'en aperçoit et fait une moue dégoûtée. « Big Cec » hausse les épaules en disant : « *Et alors! Je l'ai essuyé sur ma manche…* »

Casque du *Lt Colonel* Ben Weisberg, *377th PFAB*, batterie d'artillerie parachutistes associée au *502nd PIR*. (Mark Bando)

Ci-dessous, à droite : Melvin Spruiell, un observateur d'artillerie au cœur des combats. (Mark Bando)

Ci-dessous : le *Lieutenant Colonel* Benjamin Weisberg, commandant du *377th,* sera viré de son commandement en août 1944. Officiellement pour avoir transmis à son père des documents secrets relatifs au débarquement, qu'il souhaitait conserver en souvenir. Officieusement, il semble, d'après témoin, que Weisberg ait tout simplement cassé la figure de Taylor, sous le coup de l'émotion d'avoir perdu tant de camarades à cause des désastreux largages du 6 juin…

Un observateur d'artillerie, Melvin Morton Spruiell

Le lieutenant Melvin Morton Spruiell est de ces héros de Carentan. Il saute en Normandie en tant que *F.O., Artillery Forward Observer* du *377th Parachute Field Artillery Battalion*. Ce *battalion* commandé par le *Lt Col.* Ben Weisberg sera certainement le plus mal largué de toutes les unités Airborne du Jour J. Certains de ses membres tomberont à proximité immédiate de Cherbourg. Ses pertes seront ainsi considérables, sans parler de ses 12 Howitzers de 75 mm... dont un seul sera retrouvé et utilisé. Melvin M. Spruiell et son homologue, le capitaine St Julien Rosemond, parviennent à mettre en service deux canons russes pris aux Allemands. Avec leur seul Howitzer restant, ils vont malgré tout apporter un soutien aux attaques sur Saint-Côme-du-Mont. Ils s'imposent ensuite naturellement comme *platoon leader* d'un groupe de *paratroopers* pour l'assaut sur Carentan. Dans le sillage de Robert Cole qui charge sur la ferme Ingouf, Spruiell va se jeter dans de furieux assauts contre des nids de mitrailleuses allemandes qui protègent Carentan dans le secteur du carré de chou *(Cabbage patch)*. C'est lors de l'un de ces assauts qu'il est mortellement touché. Son CO de bataillon, Ben Weisberg, décide sur le champ de le citer à titre posthume pour une *Distinguished Service Cross*. Las ! Weisberg, de retour en Angleterre, tombe en disgrâce et est renvoyé *stateside*. La recommandation se perd dans la nuit brune.

C'est l'historien de la *101st,* Mark Bando, qui la retrouvera plus tard dans les papiers de Weisberg. Il la confie au frère de Spruiell, qui missionne son *congressman* de la faire aboutir. Avec succès !

Melvin Morton Spruiell se verra, plus de cinquante ans après les faits, et sa mort tragique, décoré de la DSC à titre posthume.

La prise de la ferme Marmion à Ravenoville fait l'objet d'un bref mais violent combat entre un groupe hétéroclite de soldats de la 101e Airborne, emmené par le *Major* John Stopka du *3/502nd*... (US Army)

Lt Colonel Patrick « Hopalong » Cassidy, de la ferme Marmion à la ferme Ingouf

Patrick Cassidy a fortement marqué les esprits lors des trois premiers jours d'engagement de son *1/502nd* dans le secteur nord de la zone assignée à la *101st Airborne*, Foucarville et Ravenoville. Son adresse et son efficacité ont fait de son bataillon l'un des plus performants de tout le Jour J. SLA Marshall affirmera même que Cassidy a réalisé « *the one best job for America on D-Day !* » Il n'en a pour autant pas terminé avec la Normandie puisque son bataillon est, dès le 9 juin au soir, désigné pour appuyer l'assaut du *3/502nd* de Robert Cole le long de *Purple heart lane* vers Carentan. Le saut et les trois jours de combat depuis le D-Day ont pourtant taillé fort dans ses rangs avant même l'attaque sur Carentan. La majorité des *platoons* compte moins de 30 hommes, certains à peine 20. La plupart n'ont plus qu'un seul officier et la moitié de ses NCO's. Cassidy doit pourtant, à son tour, faire franchir à ses hommes un par un le portail Cointet qui ferme *Purple Heart lane* au niveau du pont de La Madeleine. Les pertes sont terribles et les hommes qui parviennent à traverser se tapissent dans toutes les dénivellations qui offrent le moindre abri contre les tirs allemands. Le sergent Layon Black de *C/502nd* raconte : « *Il nous fallait couvrir près de 400 mètres avant de trouver la moindre protection. On était complètement à découvert, un vrai tir aux canards pour l'ennemi, à partir du moment où on a commencé à courir. Toute la chaussée, et la traversée du pont, à travers la "belgian gate". Passer le pont et quitter la nationale vers la ferme* (Ingouf ndlr). *Quitter cette route et traverser le champ. Sauter par-dessus le fossé plein d'eau. Courir jusqu'au coin du "carré à choux"* (Cabbage patch) *jusqu'à la haie parallèle à la route nationale. 400 mètres d'acier pur !* »

Les commandants de compagnie, Wallace Swanson et Fred Hancock, font des miracles, exhortant leurs hommes à combattre, parfois au corps à corps, les parachutistes allemands, qui ont fait de chaque haie du carré de choux, de petites forteresses bien abritées au creux des haies. Il faudra l'intervention de l'artillerie lourde américaine le 11 juin après-midi pour mettre un terme à cet éprouvant affrontement au corps à corps, les *Fallschirmjäger* se repliant un à un, soit sur Carentan, soit sur Pommenauque. Cassidy deviendra *Executive Officer* du *502nd* en août 44, passant le commandement du *1/502nd* au *Lt. Colonel* Thomas Sutliffe.

Layton Black : *The Last First Sergeant.*

A gauche : Patrick Cassidy, son premier bataillon du *502nd PIR* vient en soutien du *3/502nd* de Bob Cole pour livrer un combat rapproché, souvent au corps à corps, dans les petits champs bordés de haies qui constituent ce que l'on appelle le « carré de choux », au nord de Carentan, le long de la RN13.

5. Baïonnette au canon !

A 4h30, en ce dimanche 11 juin 1944, c'est au tour de la HQ Company *du* 502nd *de s'infiltrer à travers les grilles qui bloquent le pont N° 4 pour se déployer en ce lieu face à la ferme Ingouf, poste de commandement des parachutistes allemands du* FJ. Regt. 6. *Cole demande un appui d'artillerie à son observateur le capitaine Rosemead, en relation avec les* 377th Field Artillery Battalion, 90th Battalion *et* 65th Armored Field Artillery. *Les obus pleuvent autour de la ferme Incgouf, sans pour autant atténuer le feu allemand.*

A 6h15, Cole demande un tir de barrage de fumée. Il informe le peu d'hommes qui l'entoure de sa volonté de profiter de cet écran de fumée pour charger la ferme Ingouf à la baïonnette. A son coup de sifflet, seulement une vingtaine d'hommes qui ont perçu l'ordre dans le tumulte et le vacarme des tirs allemand, se lèvent et le suivent. John Stopka, son Executive Officer, *relaie l'ordre et s'élance, suivi d'une cinquantaine d'hommes des compagnies, H, G et HQ. Joel Mehall, Albert Kushmerick, Bernard Sterno et Robert Doran, opérateur radio de Cole sont de ceux-là.*

La lente et mortelle progression des hommes du 3e bataillon du *502nd PIR* de Robert G. Cole sur la chaussée découverte et balayée par les tirs de mitrailleuses allemandes.

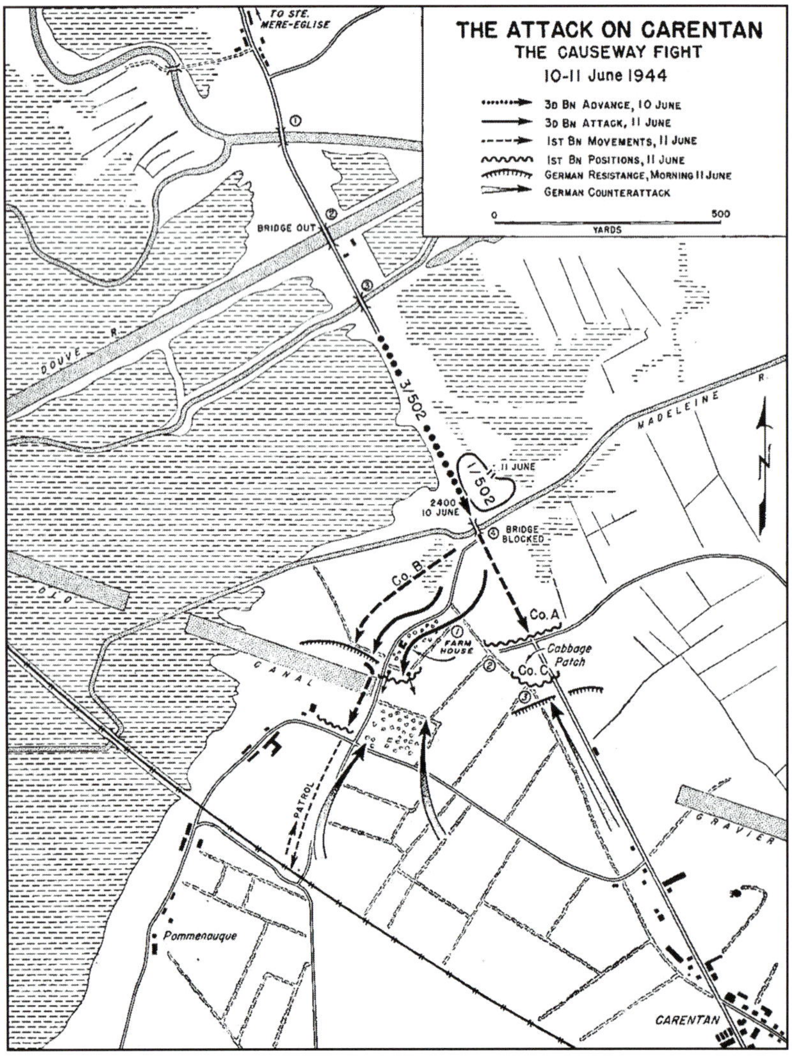

Trois hommes du 377th PFAB *décimé suite à de désastreux largages, sont parvenus à rejoindre Saint-Côme-du-Mont depuis Valognes. Ils ont reçu l'ordre de combattre comme simple soldat d'infanterie, et se trouvent mêlés aux événements. Il s'agit des sergents Arthur Parker, William Brown et Crowley.*

Le sergent Kenneth M. Sprecker et le Private *Roach* (H Company) *sont les premiers à atteindre la ferme Ingouf. Ils font sauter la serrure et se précipitent dans la maison, poursuivant par la porte de derrière deux Allemands qui tentent de s'échapper.*

Le Lt *Edward A Provost a suivi Cole dans la charge avec 9 hommes. Il attaque avec cinq survivants une pillbox entre la ferme Ingouf et la Madeleine. Avec le T5 James O. Brune, ils tuent les défenseurs à la baïonnette.*

150 hommes du 3/502 *parviennent à la ferme, des compagnies H, G et HQ. Ils s'enterrent le long des haies, de part et d'autre de la ferme.*

Cole envoie un messager afin que le Lt Colonel Patrick F Cassidy envoie son 1st battalion *du* 502nd *en renfort. Débute alors la bataille du carré de choux pour élargir le périmètre défensif autour de la ferme Ingouf, désormais poste de commandement de Robert Cole.*

Les lourdes pertes subies par le 3/502nd *valurent à la chaussée entre Carentan et Saint-Côme le surnom de* Purple Heart lane, *en référence à la médaille des blessés de l'US Army. Au soir du 12 juin, le bataillon de Cole ne comptait plus que 121 hommes valides.*

Bernard Sterno, *H/502nd* : survivant de *Purple Heart lane* à Carentan, déserteur, et soldat de l'Armée Rouge...

Le *Private* Bernard Sterno de *H Company, 502 PIR,* a connu une expérience très représentative de ce qu'ont vécu les hommes qui ont suivi le *Lt Col* Robert Cole dans cette charge à la baïonnette du dimanche 11 juin, la première de l'armée US en Europe. Bien que son M1 soit enrayé, Sterno fait partie des rares à avoir suivi la course de Cole en terrain découvert vers la ferme Ingouf. Son fusil Garand M-1 est enrayé, et Bernard n'a pas de baïonnette. A mi-chemin, Sterno aperçut le corps d'un Allemand étalé en travers d'une tranchée derrière un buisson. Attaché au poignet de l'Allemand, il vit un pistolet. Sterno voulait ce pistolet mais, craignant que le corps ne soit piégé, il coupa la cordelette avec son couteau. Il sentit alors quelque chose heurter son doigt à la main droite. Comme il portait des gants, il ne réalisa pas de suite qu'il venait d'être touché par une balle qui avait sectionné un de ses doigts. Il récupéra le pistolet et reprit sa progression en rampant. Un peu plus loin, il tomba sur un autre gars de *H Company*. Il s'approcha mais vit que l'homme avait été touché en pleine poitrine et était en train d'expirer.

Un *medic* (infirmier) le rejoignit et fit remarquer à Sterno que sa main droite dégoulinait de sang. Il lui fit un pansement et Sterno reprit sa progression. Il entendit alors quelqu'un crier *« Help me ! »* C'était le sergent de sa compagnie. Sterno rampa vers lui. Le sergent était touché au ventre et aux jambes. Près de lui se trouvait le *medic* qui venait de soigner Sterno. Il était étendu raide mort avec une balle dans la tête. Sterno s'empara du matériel médical du *medic* et fit de son mieux pour soigner le sergent. A ce moment, le feu ennemi redoubla d'intensité autour de la ferme. Le colonel Cole faisait de grands signes aux hommes pour contourner l'obstacle. Sterno parvint à avancer jusqu'à une vingtaine de mètres en arrière de la ferme, et se mit à côté d'autres *troopers* alignés dans un fossé plein d'eau. Il ouvrit à son tour le feu avec un M1 pris à un blessé. Son bandage à la main commença à se détacher. Un autre *medic* se présenta, qui regarda sa blessure et lui ordonna de repartir vers l'arrière. Il y avait beaucoup de blessés allongés dans un fossé le long de la route, et Sterno se dit qu'il devait leur prêter assistance. Ils le supplièrent de rester avec eux et d'appeler une jeep pour venir les ramasser. Mais le fossé et la route subissaient à présent les tirs de 88 depuis Carentan. Un homme allongé près de Sterno avait eu un œil emporté par un éclat. Il ne savait pas si son œil était toujours en place et s'en inquiétait auprès de Sterno. Sterno ne voulut pas lui avouer la vérité et lui répondit : *« Et bien, même s'il est parti, tu devrais être content de toujours avoir l'autre... »* Il prépara un coton imbibé de sulfamide, et le posa sur la blessure. Puis il s'occupa d'un autre blessé. Il y eut le souffle d'un autre obus de 88. Sterno bondit vers le fossé. Trop tard. Il sentit « un truc super lourd » atterrir sur son dos, le propulsant comme s'il avait été frappé par une mule. Il n'était pas certain d'avoir été de nouveau blessé ou si c'était juste le souffle de l'explosion. En fait, un énorme shrapnel lui était entré dans le dos et l'avait pénétré jusqu'à l'aine. Il ne l'apprendra que plus tard, dans le navire hôpital le lendemain. L'homme qui avait perdu un œil hurlait : *« Mon bras ! mon bras ! mon bras ! »* Sterno était sonné. Quand il regarda l'homme, il constata que son bras était pulvérisé par l'explosion. Un autre homme près de lui, encore vivant la seconde précédente, avait perdu la moitié de son crâne. Sterno eut l'impression que du sang coulait dans son dos, mais il n'en était pas sûr. Il se dit que ce devait être le choc et son imagination. Il jeta un œil vers le groupe de blessés dans le fossé. Un homme à deux mètres de lui avait du sang qui lui giclait des oreilles, du nez et de la bouche. Il était toujours vivant mais si choqué qu'il ne pouvait parler autrement que par un balbutiement incompréhensible. Sterno se dit qu'il ne pouvait plus être d'un grand secours à aucun de ces hommes. Il repartit en rampant vers le pont N°4 (celui de la Madeleine ndlr). Il vit un foxhole (trou d'homme) et se laissa glisser dedans. Trente secondes plus tard, un obus de mortier tomba en bordure du trou, et un shrapnel pénétra son cou, tuant l'officier qui se tenait là...

Insigne de col du *502nd PIR*. (Collection privée)

La compagnie *H/502* du *Captain* Cecil Simmons avait attaqué en ce 11 juin avec 84 hommes. Ils n'étaient plus que 30 le soir venu!

Le 17 septembre 1944, Bernard Sterno est toujours hospitalisé en Angleterre pour sa sérieuse blessure au dos, ce gros shrapnell qui lui a traversé le corps près de la colonne vertébrale. Il reçoit pourtant l'info qu'une opération aéroportée d'envergure incluant sa *101st Airborne* vient d'avoir lieu. Il quitte discrètement l'hôpital et rejoint le camp où il ne trouve que du personnel d'intendance. Il se dirige alors vers un des aérodromes et traine du côté des C-47. Chaque jour, des missions d'approvisionnement sont effectuées. Il baratine un équipage, leur expliquant qu'il est spécialiste du largage des *« equipment bundles »*, ces conteneurs chargés de matériel. L'équipage, auquel il manque précisément un membre, accepte de le prendre à bord. Le 21 septembre, il se trouve ainsi en route pour la Hollande, plus précisément pour une zone de réapprovisionnement de la *82nd Airborne* près de Nijmegen. Sterno, conformément à ce qu'il a promis, fait le boulot à bord. Lorsque la lumière verte s'allume, il pousse les *« bundles »* à l'extérieur et, à la stupéfaction de l'équipage, saute à son tour, équipé du parachute blanc des *Air Corps*. A terre, Allemands et Néerlandais observent le largage. Le parachute blanc attire leur attention et civils et soldats allemands se précipitent. Sterno atterrit au creux d'une petite dénivellation qui le masque un moment aux yeux des patrouilles allemandes. Arrive un vieux Néerlandais à vélo qui l'exhorte à monter sur le porte-bagages. Pédalant à fond de train, le vieil homme ramène Sterno vers les lignes américaines. Il rejoint de là sa *H Company* au moment où celle-ci part pour réouvrir une énième fois *« Hell's highway »* coupée entre Veghel et St Oedenrode. Le besoin de *squad leader* est tel qu'il est promu sergent sur le champ. C'est au cours de cette opération que Sterno est capturé. Il finira le reste de la guerre en Stalag. Après plusieurs tentatives d'évasion, il sera libéré par l'Armée Rouge.

En Angleterre, l'hopital déclarera Sterno « Awol » (*Absent without Leave* = déserteur), et le *Air Corps* lancera des poursuites pour vol d'un parachute.

Bernard Sterno a vécu un calvaire en Normandie. Son père, immigrant polonais, s'était auto baptisé Sterno à bord du paquebot qui l'emmenait aux Etats-Unis, en voyant une conserve de soupe de la marque Sterno... (Mark Bando)

502nd Parachute Infantry Battalion

(de 1.07.1941 à 2.03.1942)

• *CO* : *Major* George P. Howell, Jr (de 1.07.1941 à 2.03.1942)

502nd Parachute Infantry Regiment (de 2.03.1942), *widow makers*, « faiseur de veuves »

• *CO* : *Lt. Col.* George P. Howell, Jr (31.03.1942), *Colonel* George Van Horn «Old Moe» Moseley (de 04.1942, WIA 6.06.1944), *Lt Col.* John H. «Iron Mike» Michaelis (7.06.1944, WIA 22.09.1944), *Lt Col.* Steve A. «Silent Steve» Chappuis (22.09.1944)

• *XO* : *Lt Col.* John H. «Iron Mike» Michaelis (7.06.1944), *Lt. Col.* Allen W. Ginder (WIA 25.10.1944), *Lt Col.* Patrick F. «Hopalong» Cassidy (25.10.1944)

• *Regimental S-4* : *Major* J. W. Vaughan (KIA 6.06.1944)

• *Regimental S-3* : *Lt. Col.* Allen W. Ginder (7.06.1944)

• *Assistant S-3* : *Captain* Henry G. Plitt

• Regimental S-2 : *Captain* George A. Buker

• *Assistant S-2* : *1st Lt.* Robert G. Pick

• *Regimental S-1* : *Captain* Hugh Roberts

• *Adjutant and Liaison Officer* : *Captain* Evans C. Thornton

• *Munitions Officer* : *Captain* Carl E. Trimble

• *Communications Officer* : *Captain* Ivan G. Phillips

• *Regimental Chaplain* : *Captain* Raymond S. Hall

• *Regimental Chaplain* : *Captain* Joseph A. Andrejewski

• POW Interrogator : *Lt. Col.* Allen W. Ginder

• *Regimental HQ Co* : *Captain* Rudolph M. Jones

• *Regimental Service Co* : *Captain* Eldia R. Haire

1st Battalion, 502nd Parachute Infantry Regiment (1/502)

• *CO* : *Lt Col.* Patrick F. «Hopalong» Cassidy (25.10.1944), *Captain* Frank D. Hanlon (25.10.1944)

• *XO* : *Major* Thomas H. Sutliffe (22.09.1944)

• *Adjutant* : *1st Lt.* Sidney R. Clary

• *S-4* : *1st Lt.* Joseph F. Snecinski

• *S-3* : *Captain* James J. Hatch (1.01.1945)

• *S-2* : *2nd Lt.* E. E. Gideon

• *HQ Co* : *Captain* James J. Hatch (1.01.1945)

• *A Co* : *Captain* Richard L. Davidson (KIA 6.06.1944), *1st/Lt.* Wallace A. Swanson

• *B Co* : *Captain* Cleveland R. Fitzgerald (WIA 6.06.1944)

• *C Co* : *Captain* Fred A. Hancock, *Captain* George R. Cody, *Captain* John Dahlin

2nd Battalion, 502nd Parachute Infantry Regiment (2/502)

• *CO* : *Lt Col.* Steve A. «Silent Steve» Chappuis (22.09.1944), *Lt. Col.* Thomas Sutliffe (22.09.1944, WIA 1.01.1945, DOW), *Major* James J. Hatch (1.01.1945)

• *XO* : *Captain* Carlton P. Chandler

• *Adjutant* : *1st Lt.* Hugh O. Roberts

• *S-4* : *1st Lt.* John G. Callinan

• *S-3* : *Captain* Frank D. Hanlon (25.10.1944)

• *S-2* : *1st Lt.* Glen E. Johnson

• *HQ Co* : *Captain* James R. Martin, Jr

• *D Co* : *Captain* Carl E. Trimble, *Captain* William A. Bolton (WIA)

• *E Co* : *Captain* Robert S. Dickson (do około 2 tygodnie przed 6.06.1944), *Captain* Fred O. Drennan (KIA 18.09.1944)

• *F Co* : *Captain* LeGrand K. Johnson, *1st Lt.* Earl Hendricks (WIA 3.01.1945), *Captain* Raymond T. Smith

3rd Battalion, 502nd Parachute Infantry Regiment (3/502)

• *CO* : *Lt Col.* Robert G. Cole (KIA 18.09.1944), *Major* John Stopka (18.09.1944, KIA 14.01.1945), *Captain* Cecil L. Simmons (14.01.1945)

• *XO* : *Major* John P. Stopka (18.09.1944)

• *Adjutant* : *1st Lt.* Ralph A. Watson Jr.

• *S-4* : *1st Lt.* James V. Cauley

• *S-3* : *Captain* Edward J. Barrett

• *S-2* : *1st Lt.* Ralph B. Gehauf

• *HQ Co* : *Captain* Raymond T. Smith (WIA 11.06.1944), *Captain* Frank Lillyman

• *G Co* : *Captain* Robert L. Clements (WIA 11.06.1944), *Captain* Ralph A. Watson Jr.

• *H Co* : *Captain* Cecil L. Simmons (14.01.1945), *Captain* Robert E. Jones

• *I Co* : *Captain* Frank Lillyman, *Captain* Ivan R. Hershner Jr, *Captain* Champ L. Baker

John P. Stopka reçoit une *Distinguished Service Cross* pour son action le 11 juin au pont sur la Madeleine, avec la citation suivante : *« Quand le signal de l'assaut fut donné, il fut le premier homme à se lever et à se jeter sur la route à travers l'espace découvert face aux positions ennemies… »*

Le *Major* John P. Stopka, 3/502nd *XO* : le *Major* Fou de Carentan !

John Stopka, originaire d'une famille polonaise de Sheridan, dans le Wyoming, reçut en Normandie le surnom de *«Mad Major»*, le *Major* fou, à cause peut-être de son intrépidité au combat. Il était alors l'*Executive Officer* (adjoint) du 3e bataillon du *502nd PIR*, commandé par Robert G. Cole. C'est lui qui rassemble, du côté de Ravenoville, les paras du *502nd* mais aussi du *506th,* éparpillés dans les marais derrière *Utah Beach*. Il organise son petit groupe d'une vingtaine d'hommes et attaque la ferme Marmion, point fortifié allemand à la bordure sud de Ravenoville. La ferme abritait notamment une mitrailleuse MG 42 qui tirait sur les paras errant dans les marais au lever du jour ce 6 juin. Après une heure et demi de combat, les défenseurs allemands, au nombre d'une trentaine d'hommes, se rendent aux Américains. Stopka organise la défense de la ferme et attend l'arrivée des troupes de la *4th ID* fraichement débarquées à *Utah*.

Le 11 juin, il est aux côtés de son *CO* Bob Cole quand celui-ci ordonne une charge à la baïonnette contre le poste de commandement allemand barricadé dans la ferme Ingouf en bordure nord de Carentan. Stopka est l'un des rares à avoir entendu l'ordre d'attaque. Il est l'un des tout premiers à se ruer à l'assaut. Une balle touche son casque sans le pénétrer. Son exemple lui vaudra une DSC, pour s'être toute la matinée exposé au feu ennemi pour exhorter ses hommes à quitter leurs précaires abris le long de la Madeleine et de la RN 13.

Tout comme Cole, il personnifie le leadership des officiers parachutistes américains, qui commandent toujours depuis le front. A l'instar de son chef, Stopka ne verra pas la fin du conflit. Cole est tué en Hollande le 18 septembre, et Stopka reçoit logiquement le commandement du *3/502nd*. Mais le 14 janvier 1945, près de Bourcy dans les Ardennes Belges, un P-47 américain largue par erreur une bombe de 500 livres sur les positions américaines. Stopka est tué. C'est Cecil Simmons, CO de *Item Company*, lui aussi impliqué dans les combats de la ferme Ingouf, qui terminera CO de *3/502nd*.

Pour justifier ce surnom de *«Mad Major»*, on peut se référer à une anecdote rapportée par plusieurs témoins. Lorsque Stopka, debout sous le feu ennemi, exhorte ses hommes à quitter les fossés pour attaquer, le commandant de la compagnie d'état-major du *3/506th, «Whispering»* Smith refuse de bouger. Sans sourciller, Stopka fait feu sur lui, lui égratignant le postérieur.

Captain Fred Alonzo Hancock, *CO C/502nd PIR, 101st Airborne*

Fred Hancock, né en 1910 à Oktaha dans l'Oklahoma, était en 1944 l'officier le plus âgé du *502nd Parachute Infantry*, mis à part son commandant en chef George Van Horn Moseley. C'est la raison pour laquelle il ne dépassera jamais le grade de *Major*. Il avait débuté sa carrière au sein des troupes aéroportées avec le *81 mm Mortar platoon*, *HQ company*, *1st Battalion 502nd Parachute Infantry,* avec qui il avait traversé l'Atlantique et rejoint l'Angleterre. On lui confie la compagnie Charly du *502nd,* juste avant le Jour J. Il saute en Normandie le 6 juin et atterrit près du Haut Fornel, à l'est de Beuzeville, où il est immédiatement pris à partie par l'ennemi allemand. Le dimanche 11 juin, *Bloody Sunday*, suite à la charge à la baïonnette de Robert Cole, son bataillon sous les ordres de Pat Cassidy est engagé le long de la RN 13, dans le secteur constitué de petits prés connu sous le nom de « *cabbage patch* », carré de choux. Il y est blessé par des éclats de grenades lancées à bout portant par les *Fallschirmjäger* allemands. Fred Hancock avait rejoint la Garde Nationale, la *45th Division,* dès le début des années 30. Il recevait en 1934 sa commission de *1st Lieutenant*, dix ans avant d'être promu capitaine. Il se porta volontaire pour les parachutistes. Ses actions au carré de choux lui valurent une *Bronze Star*, et une *Purple heart*. Sa citation pour la *Bronze Star* évoque ses faits d'armes : « *Le 11 juin 1944, lors de la bataille de Carentan, le capitaine Hancock mena sa compagnie contre une force ennemie considérable, à travers un espace dégagé pour prendre position à 60 mètres des lignes ennemies. Captain Hancock disposa habilement ses* platoons *en position pour repousser les contre-attaques allemandes. Ce faisant, il s'exposa continuellement à l'intense feu ennemi, sans égard pour sa sécurité, refusant de battre en retraite. Blessé par une grenade ennemie, il refusa toute aide médicale et continua d'exhorter ses hommes à tenir la ligne de défense, infligeant de lourdes pertes à l'ennemi…* »

Hancock recevra une *Silver Star* en Hollande en septembre 1944, pour des actions similaires à Saint Oedenrode. Il y sera très sérieusement blessé d'une balle de 9 mm dans la poitrine. Il récupérera de sa blessure, et deviendra S-2 du *502nd (Intelligence officer)*. La plaque apposée au Monument du carré de choux à Carentan porte son nom.

Ci-dessous : Fred Hancock : son nom est associé au monument du carré de choux à Carentan. Il était l'officier le plus âgé du bataillon. Il était chef de la section de mortier de 80 mm du bataillon en 1943. Ce n'est qu'en Angleterre qu'il prend la tête de la compagnie Charley.

Ci-contre : calot « *Garrison cap* » en version été du capitaine Fred Hancock, propriété de Mark Bando.

Ci-dessous, à gauche : le *502nd Parachute Infantry* est le régiment organique de la *101st Airborne Division* : organisation depuis son activation en 1942. (Collection privée)

6. Et les Glidermen !

Le 327th *débarque à* Utah Beach, *secteur* « Uncle Red ». *Seul l'*Anti tank platoon *de* HQ/327th *arrive par planeurs, mission Chicago à 4 heures du matin le 6 juin.*

Le manque de gliders (planeurs) obligeait le 327th, *et son bataillon du* 401st, *à arriver en Normandie par la mer. Dès la 3ᵉ semaine de mai 1944, les hommes sont confinés dans leur zone de rassemblement au Pays de Galles, où ils s'affairent à étanchéifier leur matériel, armes et radios. Seul son* anti tank platoon *allait participer à l'assaut aéroporté. Six* gliders *allaient les emporter depuis Aldermaston.*

Les hommes du 327th *et du* 401st *quittent l'Angleterre dans l'après-midi du 5 juin, à bord de LCI. Dans le sillage de la* 4th ID, *ils doivent débarquer à* Utah Beach *le 6 juin. Le* 401st *est le premier à terre dès 18 heures. La compagnie* Headquarters *du* 327th, *avec son CO George Wear suit, mais le gros du* 327th *ne peut débarquer avant 22h30. La compagnie G devra attendre le lendemain 7 juin pour débarquer vers 15 heures, retardée par une mer difficile. Ce n'est que le 7 juin que le* 327th *et le reste du* 401st *peuvent enfin se rassembler à terre et marcher sur Sainte-Marie-du-Mont. Le* 401st *est brièvement rattaché au* 506th PIR *de Bob Sink pour appuyer son attaque sur Saint-Côme-du-Mont. Son chapelain, le père Steel, est tué accidentellement par une sentinelle du* 506th…

Le colonel Allen mène ses compagnies à l'attaque à l'aube du 8 juin à travers les lignes du 2/501st *vers Hell's Corner au nord de Carentan et jusqu'aux premiers ponts sur la chaussée de la RN 13,* Purple Heart Lane. *Les Allemands font sauter les ponts, et le* 401st *est cloué au sol par les mitrailleuses allemandes. Il passe la nuit à Saint-Côme et est rattaché au matin du 9 juin au* 327th GIR.

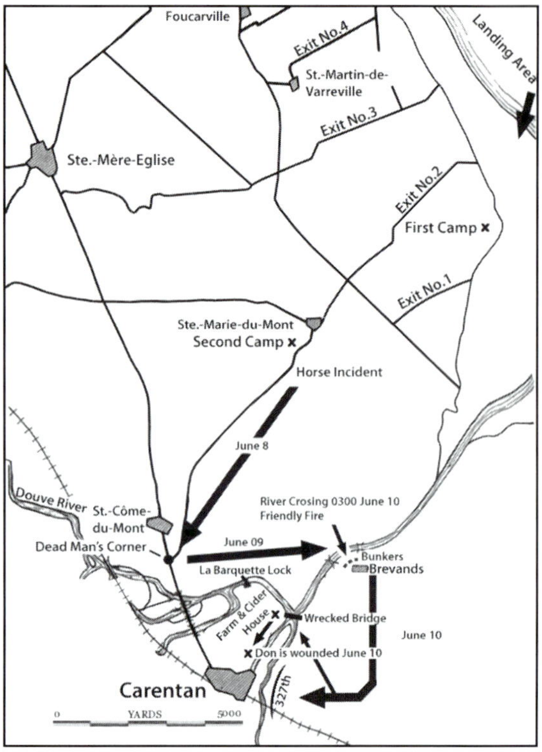

Parcours du *327th GIR*, et de son bataillon associé du *401st GIR* depuis son débarquement à *Utah Beach* les 6 et 7 juin.

George Wear est le commandant du *327th GIR* depuis sa redésignation comme régiments de planeurs. Le manque de colonels qualifiés contraignit, à la création de la *101st*, les généraux Lee et Bradley à rester à leur poste. Wear reçoit un premier camouflet quand le manque de planeurs empêche son régiment d'arriver en Normandie par les airs, mais par la mer. Dès le débarquement à *Utah*, son manque de leadership consterne ses commandants de bataillons. Le 10 juin, après avoir franchi la Douve à Brévands, le *327th* doit attaquer Carentan. Cette attaque échoue lamentablement et Taylor relève Wear, au profit de Joseph Harper, l'ex commandant du défunt *401st GIR*. (US Army)

Un badge similaire à celui des parachutistes fut autorisé le 2 juin 1944. Ces badges, de petite taille, étaient rehaussés par l'ajout sur l'uniforme d'un fond de forme ovale, et aux couleurs du régiment concerné. Ici, le « *oval* » du *327th GIR*. (Collection privée)

Lieutenant Colonel Joseph « Bud » Harper, *CO 327th Glider Infantry, 101st Airborne*

Le *Lt. Colonel* Joseph H. « Bud » Harper était un officier de carrière qui commandait un bataillon du *326th Regiment* de la *82nd Infantry Division* début 1942. Quand la *82nd* devint *Airborne*, on lui confia, en août 1942, le tout nouveau *401st Glider Infantry Regiment*, avec le *Lt Col* Henry Leveck comme *Executive Officer*. Le *327th* était le régiment « organique » de la *101st,* avec le colonel George Wear comme *Commanding Officer*, et le *Lt. Col.* Curtis Renfro comme XO. Harper travailla d'arrache pied pour donner à son régiment la même qualité que les *325th, 326th* et *327th GIR*. Fin décembre 1943, devant la nécessité de gonfler les effectifs des régiments para et *gliders*, son Régiment se trouve démembré, à sa grande indignation.

« Bud » Harper fut littéralement abasourdi par l'annonce de la disparition de son cher *401st GIR* au profit du renforcement des *327th* et *325th GIR*. Le 1er bataillon du *401st* demeura à la *101st* pour faire office de *3/327th GIR*, tandis que le *2/401st* partait à la *82nd* pour devenir *3/325th*. Les effectifs du *327th GIR* pour la Normandie étaient de 3 179 hommes. Pour rajouter l'insulte à la blessure, il lui fut notifié qu'il n'y aurait pas de place pour lui lors de l'invasion, et qu'il resterait en Angleterre. En fait, on allait le désigner *« Beachmaster »* pour gérer l'arrivée des *gliderists* à *Utah* le 6 juin. Piqué au vif, Harper appela Van Horn Moseley, le *CO* du *502 PIR* et lui expliqua qu'il souhaitait participer à l'invasion d'une manière ou d'une autre, et qu'il voulait sauter en Normandie. Moseley appela un sergent instructeur et lui confia Harper, afin de lui apprendre les rudiments du saut. Le sergent fit monter Harper sur une table, lui montra comment lever les bras pour tenir les suspentes, de sauter et d'atterrir par un roulé-boulé. Harper s'exécuta quatre ou cinq fois, et le sergent le déclara prêt à sauter !!

Quelques jours plus tard, un avion de la RAF fut réquisitionné pour permettre à Harper d'effectuer son premier saut. Celui-ci confesse n'avoir pas fermé l'œil de la nuit précédente, « mort de trouille ». Il se dirigea par un froid matin d'avril 1944 vers l'aérodrome où l'attendait un équipage goguenard. Devant sa nervosité, le pilote lança les paris avec son équipage, que Harper serait pétrifié à la porte et qu'il refuserait de sauter. L'avion décolla, avec Harper pour seul passager. Le sergent attacha la « static line » et lui demanda d'avancer vers la porte. Sans la moindre hésitation, Harper se jeta dans le vide, à la grande consternation de l'équipage anglais. Il atterrit comme une fleur, refit un second saut, et obtint de Taylor l'autorisation de sauter en Normandie.

Le **10 juin**, le *327th GIR* du colonel George S. Wear doit effectuer une poussée décisive pour prendre Carentan, en franchissant la Douve vers Brévands. Cette attaque s'enlise piteusement. Max Taylor, *CO* de la *101st*, relève Wear de son commandement. Il semble qu'on lui fasse porter le chapeau pour les pertes subies dans la nuit du 9 au 10 juin par la *C/327th*, décimé par des tirs amis, alors que la compagnie tente de traverser la Douve. Wear n'aurait pas respecté le timing et, en traversant trop tôt, les *Gliderists* de C mais aussi *B/327th* sont tombés sous le feu ami... Ce qui est certain,

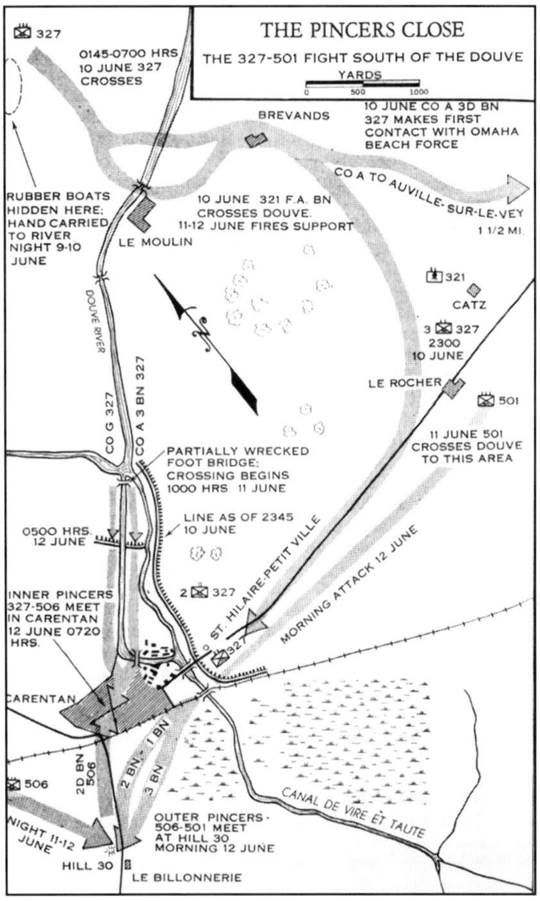

c'est que les mouvements du *327th,* depuis Saint-Côme-du-Mont, ont été très mal orchestrés, avec des bataillons et des compagnies mélangés dans tous les sens en un chaos inextricable qui a beaucoup énervé McAuliffe notamment, en charge de l'opération à l'est de Carentan.

Taylor confie ainsi le *327th* à Bud Harper. Celui-ci prend Rouzie comme XO, tandis que Renfro devient G-3 de la *101st*. Harper était très apprécié de ses hommes qui le surnommaient *« Dig'em deeper »*, « creusez plus profonds », signe de l'attachement que Harper portait à la sécurité de ses hommes au front. Dès 2 heures le 10 juin, Harper va réorganiser ses bataillons en bordure de Carentan, depuis Saint-Hilaire-Petitville. Il va attaquer à partir du bassin à flot à 5 heures le 12 juin et faire jonction dans Carentan, secteur de la gare, avec des éléments du *2/506th*.

Le *327th* va effectuer la percée décisive dans Carentan en progressant de part et d'autre du bassin à flot vers le port.

Joe Harper, du haut de son 1,80 m, portant des lunettes, il a l'air d'un professeur d'université. Mais, pour un homme de 42 ans, c'est un athlète en pleine condition physique. Né dans le Maryland, Harper était diplômé en agriculture de l'université de Delaware. Il était entré dans l'armée par le ROTC et avait servi vingt ans dans différents postes. Son heure était arrivée en ce 10 juin 1944. Harper était l'homme qui allait mener le *327th* et le *401st GIR* durant les campagnes de Normandie, Hollande, Bastogne et Allemagne.

Private First Class Donald J. Rich, *G/327th Glider Infantry, 101st Airborne*

Don Rich, de Wayland, Iowa, un *bazooka man* de *G/327th*, premier libérateur de Carentan.

Don est drafté en février 1943 à l'âge de 19 ans et incorporé dans l'US Army à Camp Dodge près de Des Moines. Il fait ses classes à camp Roberts en Californie, puis est envoyé à Bragg, où il devient *bazookaman* au sein de la compagnie G du *327th Glider Infantry Regiment*. Il débarque à *Utah Beach* avec le gros de la *101st Airborne* dans l'après-midi du 6 juin.

Don Rich, s'il n'est le premier soldat de la *101st Airborne* à entrer dans Carentan, a sûrement été l'un des précurseurs de la libération de la ville. Il est dès le 11 juin à l'aube, en bordure du bassin à flot. Il traverse la petite passerelle à demi démolie pour rejoindre, avec son bazooka sur l'épaule, le côté ouest du bassin à flot. Bud Harper est là, qui lui demande d'aller tester les défenses allemandes à l'ouest du bassin à flot. Récit :

« En regardant vers le sud, je constate que la partie ouest du canal est bordée d'une haute digue couverte d'une rangée d'arbres qui court jusqu'à Carentan. On progresse de 250 mètres sur cette digue, avec Frank Delarosa en pointe, guettant le moindre signe de l'ennemi. Je suis en état d'alerte maximum, et un peu anxieux, alors que nous avançons tranquillement. Il est difficile de distinguer ce qu'il y a devant nous à cause des arbres et des buissons. On avance encore de 50 mètres, puis décidons de rentrer rendre compte au Captain Evans (G Company CO). *Sur le chemin du retour, je remarque une petite maison à un seul étage à l'ouest du canal. Un petit verger sert de jardin. Avec moult précaution, nous investissons la maison. Elle est remplie de bouteilles de cidre. Putain! que ce cidre est bon!*

On revient vers le pont qui a été renforcé par les Engineers, *avec des planches pour faciliter le passage. On fait notre rapport à Evans* (Lt Hugh Robert *Evans,* CO de G/327th*). Le colonel Harper est là aussi. Delarosa déclare : « No sign of the ennemy, Sir ». Je rajoute :* « On n'a vu personne… mais le cidre est super! » *Harper me jette un drôle de regard :* « Du cidre de pommes ? » « Yes Sir » *fit Delarosa,* « par ici ». *Harper et Evans se dirigent vers la maison. Ils en ressortent tout sourire. Combat Infantry Man, de Don Rich et Kevin Brooks. »*

Don sera blessé à la jambe gauche par un tir de mitrailleuses lors de la charge de *G Company* quelques heures plus tard. Delarosa est tué.

Vue aérienne du bassin à flot. En rouge, l'hypothétique maison où Don Rich a reçu l'aide de civils après sa blessure…

Blessé lors de l'attaque le long du bassin à flot, Don Rich témoigne de l'âpreté des combats dans le secteur Est de Carentan. (Kevin Brooks)

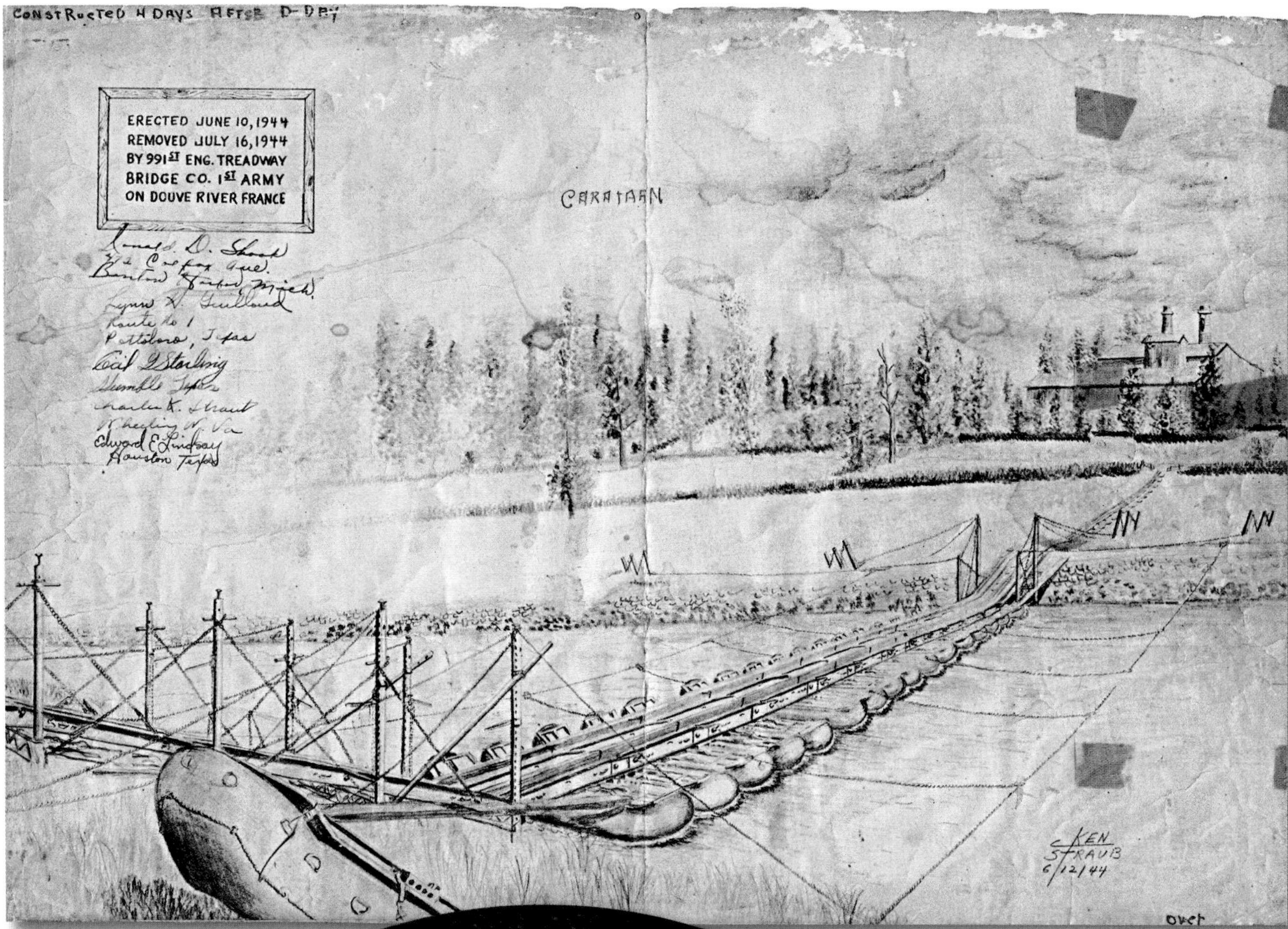

Ci-dessus : pour remplacer les deux ponts en bois construits par les Allemands au lieu-dit Le Port à Brévands, et détruits le 7 juin par l'aviation alliée, le *991st Engineers* établit, le 9 juin, un pont flottant, qui sera utilisé par le *501st PIR* et le *327th* pour franchir la Douve le 10 juin.

Ci-contre : casque portant l'insigne tactique du premier bataillon du *327th GIR*. (Coll. Michel Quilez)

Ci-dessus : le *327th Infantry Regiment* fait, au 15 août 1942, encore partie intégrale de la glorieuse *82nd Infantry Division*. Le lendemain, la division devient *Airborne*, et le *327th* devient *Glider Infantry*, régiment organique de la toute nouvelle *101st Airborne Division*.

Ci-dessous : novembre 1942, George Wear apparaît au dîner de *Thanksgiving* des compagnies E et G du *327th*. On note que nombre de soldats ne portent pas le *Tab Airborne*.

Louis Aston Marantz Simpson, Prix Pulitzer, *G/327th, 101st Airborne*

Louis est né le 27 mars 1923 à Kingston, à la Jamaïque. Son père était noir, et de citoyenneté britannique. Louis bénéficiait aussi de la nationalité britannique. Sa mère, Rosalind Marantz était une actrice russe qui avait immigré aux USA. Désireuse de travailler dans l'industrie cinématographique, elle avait été engagée comme costumière par l'actrice Annette Kellerman, et envoyés en Jamaïque sur le lieu de tournage d'un film. Louis était un garçon brillant, accepté à l'Université de Columbia à New York. Il interrompt pourtant ses études pour s'engager dans l'armée. Il sert d'abord dans les blindés, avant de rejoindre la *101st Airborne* et son régiment de *Gliderists*. Il sera de toutes les campagnes de la division, Normandie, Hollande, Belgique et Allemagne. Il est blessé le 12 juin au matin lors de l'assaut le long du bassin à flot à Carentan. Il était à ce moment précis le « *runner* », messager du *Captain* Evans, CO de la compagnie G. Après la guerre, Louis revint à Paris pour étudier la civilisation et la culture française à la Sorbonne. Une nuit à Paris, il rêve qu'il marche avec sa compagnie le long d'un bassin bordé d'arbres. Soudain, les obus et les balles pleuvent autour de lui. Quelqu'un hurle près de lui en Italien. Il se réveille et écrit le poème qu'il intitulera « *Carentan O Carentan* ». Ce poème sera mis en musique classique par le compositeur français Aubert Lemeland, mais aussi par le musicien Benjamin Lees.

Les photos de Louis Simpson sont rares. Il apparaît ici, 4e à partir de la droite, avec son capitaine de compagnie Hugh Evans en Hollande. Lou sera lui aussi blessé à Carentan.

7. Objectif : Brévands

Le lieu-dit Le Port à Brévands. On discerne le pont piétonnier. (US Army)

Le 3e bataillon du 506th Parachute Infantry Regiment *s'envole à partir de 23h30* (Double British Summer Time) *le lundi 5 juin 1944 depuis l'aérodrome d'Exeter dans le Devon. Plus qu'un bataillon, il s'agit d'un véritable* Combat Team, *composé des 630 hommes et 50 officiers des compagnies HQ, G, H et I, auxquels s'ajoutent 43* « Engineers » *de la compagnie C du* 326th AEB, *3 artilleurs de la Navy et 3 observateurs d'artillerie, 6 médecins, 4 agents du CIC*, et 26* « demolition specialists » *du* Regiment Headquarters Company, *que le* Lt Col. *Wolverton mène au combat. Largués en prélude à la plus grande invasion de tous les temps sur un pré marécageux de Normandie, ces parachutistes avaient pour objectifs deux ponts hautement stratégiques chevauchant la Douve. Pour beaucoup, ce seront deux ponts trop loins...*

C'est donc à 23h48 (anglaise) que le lieutenant-colonel Frank X. Krebs, commandant du 440th TCG *décolle d'Exeter à bord de son « Gooney Bird » N° 292717 « Stoy Hora » qui transporte le stick de commandement du lt-colonel Robert Wolverton. 44 avions des 95th, 96th, 97th et 98th* Troop Carrier Squadrons *le suivent. Après une traversée de la Manche sans histoire, et de lointains tirs de la Flak au-dessus de la péninsule, Krebs accroche le signal des* Pathfinders. *A 1h36, il donne le signal tant attendu des troopers, « stand up and hook up » ! Quatre minutes plus tard, la lumière verte s'allume dans la carlingue et, en ordre serré, Wolverton et ses hommes se jettent dans l'inconnu.*

Le plan original, débattu de longue date dans le secret des états-majors, prévoyait le largage du 3rd Battalion 506 *ainsi que les* 1st *et* 2nd Battalion *du* 501st PIR *sur la* Drop Zone *« D », au sud de Vierville et à l'est d'Angoville-au-Plain. Cette « DZ » offrait un vaste espace découvert d'un km de large sur deux de long, coupé en son milieu par un petit canal, dans les marécages sous le petit village d'Angoville. Au loin, la ville de Carentan. La plus vaste des DZ, cette* Drop Zone *devait servir de périmètre de largage de secours pour tout avion de la* 101st *en difficulté. Les deux bataillons du*

On aperçoit, sur cette photo aérienne, les restes du pont routier en bas à gauche, et du pont piétonnier à droite, construits sur la Douve par les Allemands en 1943. Le colonel Robert Sink, commandant du *506th PIR*, sans nouvelles de son troisième bataillon chargé de s'assurer de ces ponts, et les pensant encore aux mains de l'ennemi, demande à l'*US Air Force* de les détruire. Trois Mustangs P 51 du *353rd Fighter Squadron* et quatre P47 Thunderbolts vont se charger de la tâche, malgré les interventions au sol des *paratroopers* embusqués le long des digues de la rivière.... (US Army)

501st PIR *si chers à leur commandant, le bouillant colonel Howard R Johnson, rassemblés en deux Serials, N° 14 et 15, (nomenclature du* IX TCC *ndlr) soient 1 475 hommes, devaient s'assurer des écluses de La Barquette et de deux ponts sur la N13 vers Carentan. Ces deux Serials avaient décollé de Merryfield juste avant le 3/506 afin d'être largués préalablement aux hommes de Wolverton.*

Ces derniers avaient pour objectif deux ponts construits par les Allemands près de Le Port sur la Douve, et un petit ferry qui faisait la navette à cet endroit. Le premier des deux ponts, le plus proche de la mer au lieu-dit Le moulin, était un passage piétonnier en bois, construit fin 1942 et situé à 250 mètres en aval du ferry. Le second objectif était un pont, routier celui-là, que les Allemands avaient érigé entre août et décembre 1943 afin de faciliter le passage de véhicules entre le Calvados et la péninsule du Cotentin, entre ce que les Alliés allaient dénommer « Omaha » *et* « Utah Beach ». *Ce pont routier se situait 750 m en amont du ferry, vers Carentan, à hauteur de la ferme de la famille Fortin.*

Le plan d'action du 3e bataillon ; se rassembler sur la DZ « D » au son du clairon du Pfc. *Don C. Ross,* company bugler, *et foncer vers les deux ponts afin de s'en emparer intact. Puis, franchir la Douve et établir une tête de pont au sud de la rivière en occupant les hauteurs près de Brévands, dans l'attente de l'arrivée des troupes débarquées à* Omaha Beach. *Deux* platoons de C/326th Airborne Engineer Battalion *renforçaient le bataillon afin d'aider les* « demolitionists » *du* RHQ 3/506 *à miner le pont et en dénier l'accès aux Allemands, si l'établissement d'une tête de pont s'avérait impossible.*

L'embarcadère du ferry, situé face à l'usine de phosphate de Brévands, et troisième point de passage dont le *3/506th* devait, au soir du 6 juin, s'assurer ou détruire…

En amont de Brévands, non loin de Carentan, le pont routier et la « route allemande », construite par les Allemands, et qui mène à *Utah Beach*.

La compagnie G de Chambliss à Bragg en 1943... (US Army)

First Lieutenant Turner M. Chambliss, West Point 1943

Le *2nd Platoon* de la compagnie G, par affection et respect envers l'officier Turner Chamblis portait des *Name Tags*, bande patronymique sur la tenue M 42 avec le nom West Point marqué à l'encre. Chambliss, *West Pointer* bon teint, s'en aperçut au moment de l'embarquement mais ne manifesta aucune réaction. Alors qu'il agonise dans les bras d'un sergent de la compagnie H au bord de la Douve, ses derniers mots sont pour savoir si ses hommes avaient inscrit West Point pour se moquer de lui. Il n'avait pas saisi qu'il s'agissait en réalité d'une marque de profonde estime...

Turner Mason Chambliss Jr. (15 juillet 1921 – 6 juin 1944) était un produit typique de West Point, idéaliste, rigoureux, mais juste avec ses hommes. Fils et petit fils de militaire, il avait passé sa vie dans les postes de l'armée, Benning, Washington, Hawai... Il entre à West Point le 1er juillet 1939 et obtient son diplôme de l'académie en janvier 1943, non sans avoir hésité entre l'aviation et l'Infanterie. Il excelle en athlétisme et natation. Entre sa première et seconde année au « Point », il suit des cours de pilotage à Ulvade au Texas, mais ne termine pas la formation. Il veut suivre les traces de son père et entrer à l'Infantry School de Benning après West Point. C'est là qu'il découvre *Jumpschool*. Il suit la formation de para du 5 mai au 5 juin 43. Il se montre absolument fasciné par l'*Airborne*, et demande à intégrer une unité parachutiste. Il est affecté au *506th PIR* durant les Tennessee Maneuvers de l'été 43. Il écrit à son père : *« Je ne comprends pas pourquoi les paratroopers reçoivent, une paie supplémentaire ; c'est tellement fun de sauter ! »* Il arrive à Ramsbury avec *G/506*, et y passe, selon ses propres mots, *«les plus beaux moments de sa vie avec sa bande de Paratroopers»*, en tant que *First Lieutenant, Platoon Leader, Second Platoon, Company G, 506th Parachute Infantry Regiment, 101st Airborne Division*. Il décolle d'Exeter le 5 juin après 23 heures BDST. Il atterrit non loin de Saint-Côme-du-Mont. Il a dans sa poche une photographie aérienne de son objectif, et peut ainsi se diriger vers les ponts de Brévands. Juste avant le lever du soleil ce 6 juin 44, deux petits groupes, l'un mené par le *Captain* Charles Shettle, *staff officer* du *3/506*, et Chambliss, atteignent les ponts de Brévands, Shettle le pont piétonnier, et Chambliss le pont routier à 5 heures du matin, avec 9 hommes. Avec leurs groupes respectifs, ils engagent le combat. 69 *troopers* au total, empêcheront, trois jours durant, les Allemands de franchir la Douve. Chambliss sera au nombre des KIA. Du haut de son mètre 95, il se redresse au-dessus du talus qui borde la Douve, sa silhouette parfaitement dessinée dans la lumière du matin. Deux balles de snipers lui percent la gorge. Il est 7h30, le 6 juin 1944.

Frederick Bahlau, *H/506th Parachute Infantry, 101st Airborne*, deux *Silver Stars* !

Fred est l'un des grands héros de la libération de Carentan. *Supply Sergeant* de la compagnie H du 506e régiment de parachutiste rattaché à la *101st Airborne*, ses actions aux ponts de Brévands le 7 juin 1944 lui ont valu l'une des plus hautes distinctions de l'armée américaine, la *Silver Star*. C'est le général Troy Middleton, commandant le VIIIe Corps américain qui lui a remis sa médaille lors de l'une des trois célèbres cérémonies tenues Place de la République à Carentan, celle du 20 juin 1944.

Fred Bahlau était né le 30 août 1923 à Jackson dans le Michigan. D'origine allemande, son grand père avait été soldat dans l'Armée Impériale d'avant la Première Guerre mondiale. Dès l'attaque de Pearl Harbor, il tente de s'engager, mais il n'a pas 18 ans, et ses parents refusent de lui signer une décharge. Il attend son 19e anniversaire pour s'engager le 23 septembre 1942 à Detroit. C'est un officier recruteur qui l'aide à monter un dossier quelque peu « bidonné » pour convaincre sa mère qu'il ne s'engage que pour recevoir une formation d'électricien. Il arrive à Fort Benning et se porte d'emblée volontaire pour les *paratroops*. Il devient

rapidement caporal, puis *Staff Sergeant* au sein de la *Service Company* du *506th PIR*, puis assigné à la compagnie H.

Il est *Supply Sergeant* de la compagnie H lorsqu'il saute en Normandie dans la nuit du 6 juin 1944. C'est un travail qui demande un sens aigu de la débrouillardise, et Bahlau est connu pour sa capacité à récupérer, par n'importe quel moyen, tout ce dont sa compagnie a besoin. Il atterrit du mauvais côté de la Douve, vers Brévands, et parvient à rejoindre les rescapés du 3e bataillon décimé sur la Drop Zone au sud d'Angoville-au-Plain. Il se place sous le commandement du capitaine Charles Shettle, S-3 (Plans et Operations) du bataillon. Shettle lui ordonne de prendre cinq ou six hommes et de retraverser la Douve, en utilisant l'un des deux ponts construits par les Allemands, afin de tester les défenses allemandes au sud de la Douve, et d'y établir si possible une tête de pont. En compagnie de Don Zahn, Hank Di Carlo, George Montilio et du sergent Harry Clawson, il traverse la Douve au niveau du pont routier en amont de Brévands et est immédiatement pris sous le feu des mitrailleuses allemandes. Fred est le quatrième à s'élancer sous le feu ennemi à travers le pont. Hank Di Carlo est touché en pleine poitrine. Fred essaie d'abattre l'Allemand qui a tiré, mais sa mitraillette Thompson, pleine de sable, s'enraye. C'est Don Zahn qui abat l'Allemand. Fred tire Di Carlo à l'abri du parapet et lui procure les premiers soins. Il s'élance ensuite vers la rive droite de la Douve, qu'il inspecte sur environ 500 mètres. Sa présence et celle de ses compagnons bloquent une contre-attaque allemande pour s'emparer des deux ponts de Brévands, le piétonnier et le routier. Fred s'en revient quatre heures plus tard, et ramène Di Carlo vers les lignes américaines et l'infirmerie installée dans la ferme Fortin à Pénême. Ses exploits aux ponts de Brévands ce 7 juin lui valent une première *Silver Star*.

Le 13 juin, durant les terribles combats de *Bloody Gulch* au sud de Carentan, face à la contre-attaque de la *17. SS-Panzergrenadier-Division*, il est nommé *First Sergeant* de *H/506th* lorsque le sergent Gordon Bolles est sérieusement blessé. Le *First Sergeant* est, dans une compagnie d'infanterie US, la courroie de transmission entre les hommes du rang et les officiers. Lorsque ce dernier revient de l'hôpital en juillet en Angleterre, *H Company* se retrouve avec deux *First Sergeants*. Fred est alors transféré à la *HQ Company* du *3/506th* comme nouveau *First Ser-*

Fred Bahlau, de *Staff Sergeant* à *Lieutenant*, un officier et un gentleman. (Mark Bando)

geant. Il tiendra ce rôle en Hollande et à Bastogne. C'est près d'Opheusden, le 5 octobre 1944 que Fred remportera sa seconde *Silver Star*, en allant récupérer, sous le feu ennemi, d'importants documents laissés par le *Major* Harwick dans une jeep le long du canal Linge lors d'une embuscade. Après Bastogne, Fred reçoit une *Battlefield Commission*, une promotion remportée sur le champ de bataille et est fait *2nd Lieutenant*. Un mois plus tard, il passe *First Lieutenant*.

Il rentre à Onsted dans le Michigan à la fin de la guerre, épouse sa copine de lycée, et reprend l'entreprise d'électricité de son père. Il devient président de l'Irish Hills Tourist Association et crée la Electric Maintenance and Repair Company à Jackson, Michigan. Frederick A. Bahlau est décédé mardi 21 octobre 2014 à l'âge de 91 ans, à Toledo, dans l'Ohio.

Ci-dessus : Fred reçoit sa première Silver Star à Carentan, place de la république. il est congratulé ici par la population, dont Madame Evelyne Le Gouix, qu'il retrouvera cinquante ans plus tard...

Ci-dessous : après son incursion sur la rive sud de la Douve, Bahlau pose dans son *foxhole* en bordure de cette rivière.

Lt Charles Santarsiero, *I/506th Parachute Infantry Regiment, 101st Airborne Division*, héros de Brévands

Le lieutenant Charles « Sandy » Santarsiero, de Scranton, en Pennsylvanie, est un des rares représentants de la compagnie I du *506th PIR* près du pont routier à Brévands. Le 8 juin, il gagne une DSC en faisant un véritable carton sur une compagnie d'Allemands.

En ce jeudi 8 juin, Santarsiero observe à la jumelle le terrain devant sa position en bordure de la Douve, à la recherche de troupes amies en marche depuis la côte est du Cotentin. Mais à la place, il aperçoit plusieurs compagnies de soldats allemands qui battent en retraite depuis *Utah Beach* vers les ponts de Brévands. Ils semblent ignorer la présence américaine dans le secteur. Santarsiero met ses hommes en alerte, leur demande de rester cachés jusqu'à ce que les Allemands ne soient plus qu'à moins de 70 mètres. Quand il leur ordonne d'ouvrir le feu, la surprise est totale. La plupart des soldats allemands en pointe des compagnies sont descendus, et leurs arrières se débandent dans un grand champ entouré de hautes haies. Santarsiero décide alors de bousculer les Allemands avant qu'ils ne se regroupent pour contre-attaquer. Il laisse au lieutenant Linton Barling (KIA en Hollande) la responsabilité de la défense du pont et fonce vers la haie la plus proche. Il y trouve une position toute prête, abandonnée par quelques *troopers*. Il s'agit d'une tranchée très allongée en forme de V pointée vers la haie. A moins de 40 mètres, Santarsiero peut voir les officiers allemands hurler leurs ordres à un groupe de soldats. Il remarque six prisonniers américains parmi ce groupe, qui portent des brancards. Santarsiero ouvre le feu sur les Allemands, en descendant plusieurs. Les prisonniers porteurs de brancards s'échappent dans toutes les directions, tout en tirant les brancards avec eux. Santarsiero ne les reverra jamais.

Un MG 42 allemand ouvre le feu sur la position de Santarsiero, le recouvrant de poussière et d'éclats de cailloux. Puis, pour une raison inconnue, elle arrête de tirer.

Par groupe d'une dizaine d'hommes, les Allemands, paniqués, courent dans toutes les directions devant Santarsiero. Il tire sur le dernier du groupe et remonte ainsi toute la colonne. Puis un autre groupe se présente dans son champ de tir, et Santarsiero refait le même mouvement en sens inverse. Il prélève ainsi un nombre très élevé de victimes, tirant jusqu'à l'épuisement des cibles. (Santarsiero avait été instructeur de tir à l'Ecole d'Infanterie de Fort Benning). Il précisera plus tard avoir utilisé un Garand M-1 durant cette action, et tiré tout le contenu d'une bandoulière de munitions. En tirant à une cadence élevée à moins de 90 mètres, quasiment chacune de ses balles a touché sa cible.

Trois Allemands portant un drapeau blanc surgissent bientôt. Santarsiero sort de son trou et marche vers eux. Il commence à porter secours aux blessés. Rapidement, le champ entier s'anime d'Allemands et de blessés, qui tous cherchent à se rendre. Santarsiero leur indique la position du capitaine Shettle le long de la digue qui borde la rive nord de la Douve. Il entend alors le mot *« Kamerad »* venant de sa droite. Ce sont les servants du MG 42 qui lui ont tiré dessus quelques instants auparavant. La mitrailleuse, chargée jusqu'à la gueule, est pointée droit sur lui. La chance est avec lui car il aurait été très facile aux Allemands de le couper en deux. Au lieu de cela, ils sont demeurés cachés, à observer la reddition de leurs camarades, avant de se rendre eux-mêmes. Ces prisonniers sont envoyés rejoindre les autres prisonniers allemands près du pont piétonnier. Santarsiero confie la mitrailleuse MG 42 aux défenseurs du pont, ravis de cette puissance de feu supplémentaire.

Dix-neuf officiers et 117 soldats, survivants du bataillon de Shettle de *3/506th*, rejoindront Hiesville après les combats de Brévands. Durant les trois jours de combat pour les ponts, ils déplorent 7 tués et 21 blessés. Dans *« Rendez-vous with Destiny »*, Rapport et Northwood accordent au bataillon le gain de 60 à 70 victimes allemandes, et 258 prisonniers. De ces 258 POWs, Santarsiero en revendique 179 capturés lors de ses actions du 8 juin. Santarsiero, surnommé Sandy, était aussi dénommé « The blue goose », l'oie bleue, par ses camarades. Sandy avait été très malade lors de la traversée de l'Atlantique à bord du *Samaria*, au point d'atteindre une jolie couleur de peau bleuâtre…

Charles Santarsiero. Sandy appartenait à la compagnie C du *1/506th*. Mais son commandant, le *Lt Colonel* Billy Turner (KIA près de Beaumont le 7 juin), sudiste bon teint, détestait les Yankees. Sandy fut ainsi transféré avant le *D- Day* à la compagnie Item du *3/506th*. (Mark Bando)

Le *Major* George Grant, XO du bataillon, tué le 6 juin comme son patron du *3/506th,* Bob Wolverton. George était un descendant direct d'Ulysse Grant, Président des États-Unis.

Captain Charles Gordon Shettle, *3/506th PIR, 101st Airborne*

Des 575 officiers et hommes du *3/506* qui sautèrent en Normandie, sur la *Drop Zone D*, 103 furent tués, dont le lieutenant-colonel Robert L. Wolverton, son *Executive Officer* (XO) George Grant, et le capitaine Harold Van Antwerp, le commandant de la compagnie « G ». Le *1st Lieutenant* James D. Holstun, S-1 du bataillon, meurt un peu plus tard dans la journée du 6 juin en atteignant la Douve. 75 *troopers* furent capturés dont le capitaine Robert Harwick, Commandant de la compagnie « H » et le capitaine John McKnight, commandant de la compagnie « I », ancien assistant de Wolverton à *HQ 3/506*. Le capitaine Harwick réussira à s'évader et prendra le commandement du bataillon le 9 juin. Pour la petite histoire, Harwick sera de nouveau appelé à prendre la tête d'un bataillon en remplacement d'un CO KIA, le 18 décembre à Noville près de Bastogne, il prendra au pied levé le commandement du *1/506* après la mort du *Lt Col.* James Laprade.

A l'aube du 6 juin, le capitaine Charles Gordon Shettle (S-3 du bataillon) marche vers les Droueries et trouve deux officiers et 12 hommes. Il décide de faire route vers les objectifs de son bataillon, les ponts de Brévands sur la Douve. Il ramasse en route 16 hommes et deux autres officiers. L'un d'eux est un gars du *C/326th Airborne Engineer Battalion* avec une *« mohawk haircut »,* qui fait exploser au plastique (C2) un relais d'électricité. Une vingtaine de gars se joints à Shettle et c'est donc avec environ 60 *troopers* qu'il arrive sur le pont routier de Brévands, en amont du lieu-dit Le Port. Son arrivée fait fuir quelques Allemands qui se réfugient sur la rive droite de la Douve. Un sniper abat d'une balle dans la gorge le *1st Lt* Turner Chambliss dont la haute taille dépassait du talus qui borde la rivière. Cinq hommes traversent la Douve en utilisant les superstructures du pont. Ils détruisent trois nids de mitrailleuses avant de se replier sur la rive gauche. Le pont est alors miné en vue d'une éventuelle destruction. Shettle et son petit groupe, qui se renforce avec l'arrivée de *troopers,* égarés, restent sur ces positions toute la journée et la nuit suivante. Le 7 juin, sans nouvelle de son 3e bataillon, le colonel Robert F. Sink, le commandant du *506th PIR*, croyant les ponts toujours aux mains de l'ennemi, ordonne leur destruction. Deux missions de chasseurs-bombardiers P-47 et P-51 américains attaquent les ponts et les détruisent. Du 6 au 8 juin, les maigres effectifs du *3/506 PIR*, 117 hommes et 19 officiers, repoussent toutes les attaques allemandes, faisant 258 prisonniers et 60 à 70 tués. Le *3/506 PIR* est relevé le 8 juin au soir par le *327th Glider Infantry*. La mission aura finalement été accomplie avec seulement 150 hommes, alors qu'elle devait l'être par plus de 700. Durant les combats pour les ponts, le *3/506th* déplore 7 tués et 21 blessés. Pour leur courage et leur comportement héroïque à Brévands, quatre hommes du bataillon reçurent la *Distinguished Service Cross* (D.S.C.) : Le lieutenant Charles Santarsiero de la compagnie I, le sergent George Montilio de la compagnie H, le *Pfc* Donald Zahn de la compagnie H, et le *Pfc* Andrew Sosnak du détachement médical.

Ci-contre : Charles Shettle en fin de guerre.

Ci-dessous : officiers du *3/506th* à Littlecote Manor en Angleterre, où était stationné le *3/506th* et l'état-major du régiment. Le *Major* Grant est en tête, suivi de James « Jeb » Holstun, lui aussi KIA, Charles Shettle, et les lieutenants Morgan et King.

Don Zahn avec Al Hassenzahl, CO de *C/506th*, quatre *Purple Hearts* et une *Silver Star* ! (Mark Bando)

Shoulder Patch Insignia de l'*Airborne Command*. le *501st PIR*, mais aussi le *506th*, avant d'être rattaché à la *101st Airborne Division*, dépendaient administrativement de l'*Airborne Command*. (Coll. privée)

Donald Zahn refusera d'abattre des prisonniers le Jour J.

Donald Eugene Zahn, *H Company, 506th Parachute Infantry, 101st Airborne*, DSC à Brévands

Né un 15 octobre 1920 à Bellingham dans le Minnesota, Donald Eugene Zahn, est décédé le 15 mai 2016. Il s'était couvert de gloire dès les premières heures du Débarquement le 6 juin 1944, du côté de Brévands. Fils unique, il quitte le lycée en 1939 et rejoint l'Université du Minnesota, où il excelle en athlétisme et au foot US. Il intègre, en tant que volontaire, la compagnie H, *1st platoon*, du *506th Parachute Infantry Regiment* dès sa formation à Toccoa en 1942. Il se blesse à deux reprises à l'entraînement et est retiré du *squad* de mortier pour devenir *scout* (éclaireur). Le 6 juin, il est l'un des premiers membres du 3e bataillon du *506th PIR* à rejoindre son objectif, les ponts de Brévands sur la Douve, seulement précédé par le lieutenant Ken Christianson, et les *Pfc* Sam Porter et Don Arminio. Vers 5h30 du matin, un groupe d'une quarantaine d'hommes, commandés par le capitaine Charles Shettle, S-3 du Régiment, arrive à Brévands. Shettle demande des volontaires pour traverser le pont routier, situé en amont du lieu-dit Les Moulins à Brévands, pour tester et évaluer les défenses allemandes. Zahn, qui n'est que *Private First Class*, lève la main. Shettle lui adjoint le *Private First Class* Hank Di Carlo, Arminio, le *Sergeant* George Montillio et le *Staff Sergeant* Fred Bahlau. Don Zahn est le premier à s'élancer sur le pont et à rejoindre la rive ennemie. Alors qu'il progresse en territoire ennemi, un Allemand blesse sérieusement Di Carlo d'un coup de pistolet. Zahn abat l'Allemand avec sa Thompson. Les Allemands se rapprochent dangereusement du petit groupe et Di Carlo est placé sur une poutre pour lui permettre de retraverser la Douve. Zahn, Bahlau, Arminio et Montillio tentent de le couvrir de leur feu. Ils rejoignent la rive gauche de la Douve et tiendront la position jusqu'à l'arrivée de renforts le 8 juin. Un peu plus tard, près de la

Luger ramené par Don Zahn de son expédition au sud de la Douve à Brévands...

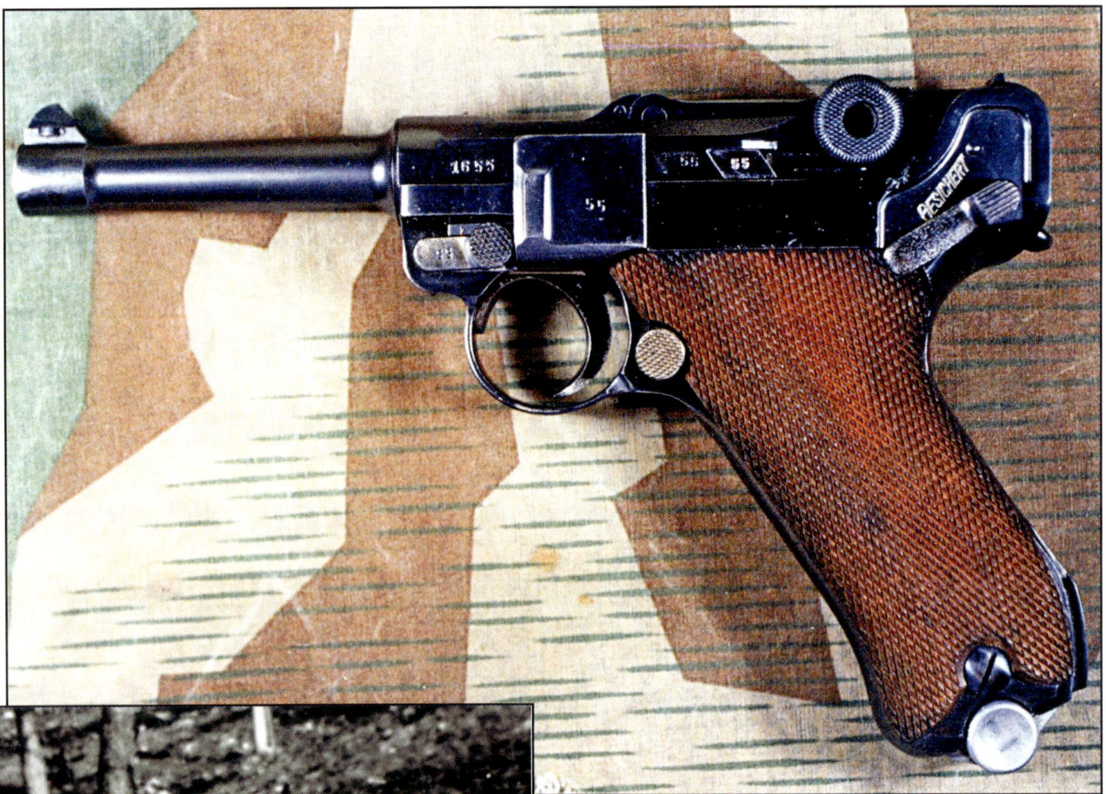

Don Zahn en Autriche à la fin de la guerre.

ferme Fortin à Pénême, une quinzaine d'Ukrainiens volontaires de l'*Ost-Bataillon 439* sont faits prisonniers alors qu'ils tentent de battre en retraite vers la Douve. Le capitaine Shettle, réalisant qu'il ne dispose pas d'hommes pour les garder, et conformément aux instructions données avant l'invasion, ordonne à Don Zahn de s'en débarrasser. Don refuse, et lui suggère plutôt de les garder en vie pour les interroger. Shettle accepte, et Don pourra dire plus tard : *« Je suis fier d'avoir pu sauver ces vies ! ».* (1) Don sera décoré de la *Distinguished Service Cross* pour ses actions à Brévands. En décembre 1944, il recevra une promotion au rang de *2nd Lieutenant*, et terminera la guerre à Berchtesgaden, en charge de garder le nid d'aigle de Hitler avec rang de *1st Lieutenant, 2nd Platoon, C/506th.*

Don Zahn recevra finalement sa *Distinguished Service Cross* pour ses actions à Brévands en mai 1945... à Berchtesgaden... (Coll. privée)

(1) Ce ne sera qu'un sursis pour les Ukrainiens, les USA livreront les « Volontaires de l'Est » à Staline,et suivant les accords de Yalta. (Note de l'éditeur)

Harry Clawson et son copain Fred Bahlau, tous deux récipiendaires de la *Silver Star* à Carentan le 20 juin 1944.

Harry Clawson, *H/506th Parachute Infantry, 101st Airborne* : jeu dangereux

Harry était un touche à tout que rien n'effrayait. Un *paratrooper* par excellence. Dès son plus jeune âge, il battait la campagne avec sa carabine 22 Long Riffle, buvant l'eau des sources, et se nourrissant de sa chasse. Véritable trompe-la-mort, il organisait des courses avec son frère, à bord des camions citernes chargés d'essence de la compagnie pétrolière pour laquelle il travaillait. L'*Airborne* était faite pour lui. En Normandie, il allait gagner une *Silver Star* lors des combats de Brévands. C'est là qu'il a commencé à collecter sur les prisonniers ou cadavres allemands les médailles militaires qu'il accrochait à l'intérieur de son jumpsuit. Son pote Fred Bahlau, de H 506, l'avertit à plusieurs reprises que si jamais les Allemands lui mettaient la main dessus avec toutes ces médailles, il était un homme mort. Mais Harry, véritable « Dare Devil », ne voyait pas le danger. Le 5 octobre 1944, à Opheusden aux Pays-Bas, Harry était posté au second étage d'une maison près de la gare, en mission d'observation pour le *mortar squad*. Les Allemands le repéreront et ouvrirent le feu. Blessé aux yeux, il sera fait prisonnier. Quand les Allemands voudront le soigner, ils découvriront à l'intérieur de sa veste sa « collection » de médailles. Ils l'emmèneront à l'extérieur et l'exécutèrent sans autre forme de procès. Il sera porté *Missing In Action* jusqu'en 1971. Il avait aussi été décoré de la *Bronze Star*.

Le lendemain de sa remise de la *Silver Star* à Carentan le 20 juin, il est menacé de court martiale pour ne pas avoir porté de cravate en public.

Harry Clawson victime de son appétit pour les « trésors de guerre ».

Prisonniers alliés au dépôt de remonte de Saint-Lô ; six de ces hommes appartiennent au *RHQ* du *506th*, dont Don Ross, le clairon du *506th*…

Captain John T. McKnight : une star du foot US… de 35 kilos !

On connaît tous le calvaire enduré par le 3e bataillon du *506th Parachute Infantry Regiment*. Le 6 juin, ce bataillon avait pour objectif les ponts de Brévands. En survolant Saint-Côme-du-Mont, l'unité commandée par le *Lt Colonel* Bob Wolverton, allait littéralement être décimée, notamment par les tirs des mitrailleuses placées sur le clocher de l'église de Saint-Côme. Des 575 officiers et hommes du *3/506* qui sautèrent, 103 furent tués, dont le *Lieutenant Colonel* Robert L. Wolverton, son *Executive Officer* (commandant en second) George Grant, et le capitaine Harold Van Antwerp, le commandant de la compagnie « G ». Le *1st Lieutenant* James D. Holstun, S-1 du bataillon, meurt un peu plus tard dans la journée du 6 juin en atteignant la Douve. 75 *troopers* furent faits prisonniers, dont le capitaine Robert Harwick, commandant de la compagnie « H » et le capitaine John McKnight, commandant de la compagnie « I », ancien assistant de Wolverton à *HQ 3/506*.

Le capitaine Harwick réussira à s'évader et prendra le commandement du bataillon le 9 juin. Pour la petite histoire, Harwick sera de nouveau appelé à prendre la tête d'un bataillon en remplacement d'un CO KIA (tué au combat) ; le 18 décembre, à Noville près de Bastogne, il prendra au pied levé le commandement du *1/506* après la mort du Lt Col. James Laprade.

John T. McKnight était originaire de Toccoa, Georgie, premier domicile du *506th PIR*. John est dans les années 30 un pilier de l'équipe de football de l'Université de Georgia. Il est même capitaine de l'équipe lors de sa dernière année en 1935. Il s'engage ensuite dans l'armée et atteint vite le grade de capitaine au sein de la compagnie d'état-major du 3e bataillon du *506th*. Lorsque le régiment arrive en Angleterre en septembre 1943, il se voit confier le commandement de la compagnie Item. Il est capturé peu de temps après son atterrissage, le 6 juin à Saint-Côme-du-Mont. Commence un long calvaire pour ce combattant qui n'aura jusqu'à la fin de la guerre qu'une seule idée en tête, l'évasion. Il est détenu un moment à Starvation Hill, la colline de la faim, comme appellent les GI's capturés le dépôt de Remonte de Saint-Lô, transformé en prison par les Allemands qui privent quasiment leurs captifs de toute alimentation durant plusieurs jours. Toutes ses tentatives d'évasion échouent et il termine la guerre au Stalag 3A près de Berlin. Il ne pèse plus que 35 kilos !

Les Dépôts de remonte étaient des établissements militaires chargés de fournir des chevaux pour les unités de cavalerie au début du XIXe siècle. Ces centres permettent de développer des centres d'élevage. C'est en 1826 que le dépôt de Remonte de Saint-Lô s'installe dans les locaux que le haras lui cède derrière l'église Sainte-Croix.

Les Allemands y détiendront durant plusieurs jours les parachutistes américains capturés dans la Manche, qu'ils affameront en ne leur servant qu'un vague brouet de légume une fois par jour…

Les vétérans se souviennent aussi d'un autre « *starvation/hungry hill* ». Il s'agit d'un couvent situé près de Tessy-sur-Vire à Troisgots, également utilisé comme centre de détention provisoire par les Allemands, qui y soumettent leurs prisonniers au même régime de privation extrême de nourriture qu'à Saint Lô.

John McKnight, prisonnier dès les premières minutes en Normandie. Il va connaître le calvaire des *Kriegsgefangenen*, privé de nourriture, contraint de marcher souvent pieds nus, soumis aux mitraillages de leurs propres avions. McKnight est ici photographié au dépôt de remonte de Saint-Lô, transformé en camp de prisonniers par les Allemands.

Photo emblématique du 6 juin, faite le 4 juin à Exeter en réalité. Don Ross porte, sous son ventral, le clairon censé aider son bataillon à s'assembler de nuit.

Donald Clifton Ross : un clairon en Normandie !

On connaît tous cette série d'images faites par et pour les *Signal Corps*, probablement dans l'après-midi du 5 juin 1944 sur l'aérodrome d'Exeter ; le stick du LTC Robert Wolverton s'est prêté pour un photographe et un cameraman à un petit « run down » fictif de l'embarquement de son stick. Les images ont ainsi été tournées devant l'avion Stick#2 C47 #315087, le *Lady Lillian*, et non pas devant le véritable avion qui allait quelques heures plus tard emmener Wolverton à sa mort, le C-47 Stick#1 #292717, le *Stoy Hora* du colonel Krebs, *440th Troop Carrier Squadron*. Les *troopers* sur ce reportage n'ont pas encore noirci leurs visages. Chacun d'eux va, grâce à ces images, entrer dans l'histoire. Leurs destins seront en revanche moins glamour : Wolverton, tué dans son harnais avant même de toucher le sol de Normandie ainsi que quatre hommes membres de ce stick. Les autres seront tous faits prisonniers. La plupart s'échapperont le 8 juin en profitant de la retraite précipitée de leurs gardiens.

Le *trooper* ici sur l'image si souvent reproduite, est le *Pfc* Donald Clifton Ross. Don a fait toute sa formation à Toccoa et Benning avec *I/506*. Il devient en 1943 le trompette du *HQ 3/506* et Wolverton en fait, pour le saut en Normandie, son garde du corps personnel. Il saute avec son clairon, qu'il était censé utiliser pour aider au rassemblement des troupes à terre. Il est blessé lors du saut et est fait prisonnier en touchant terre. Il connaîtra les horreurs de Starvation Hill près de Saint-Lô. Ross s'échappera durant son transfert dans un Stalag en Allemagne et finira la guerre dans les rangs de résistants tchèques !!

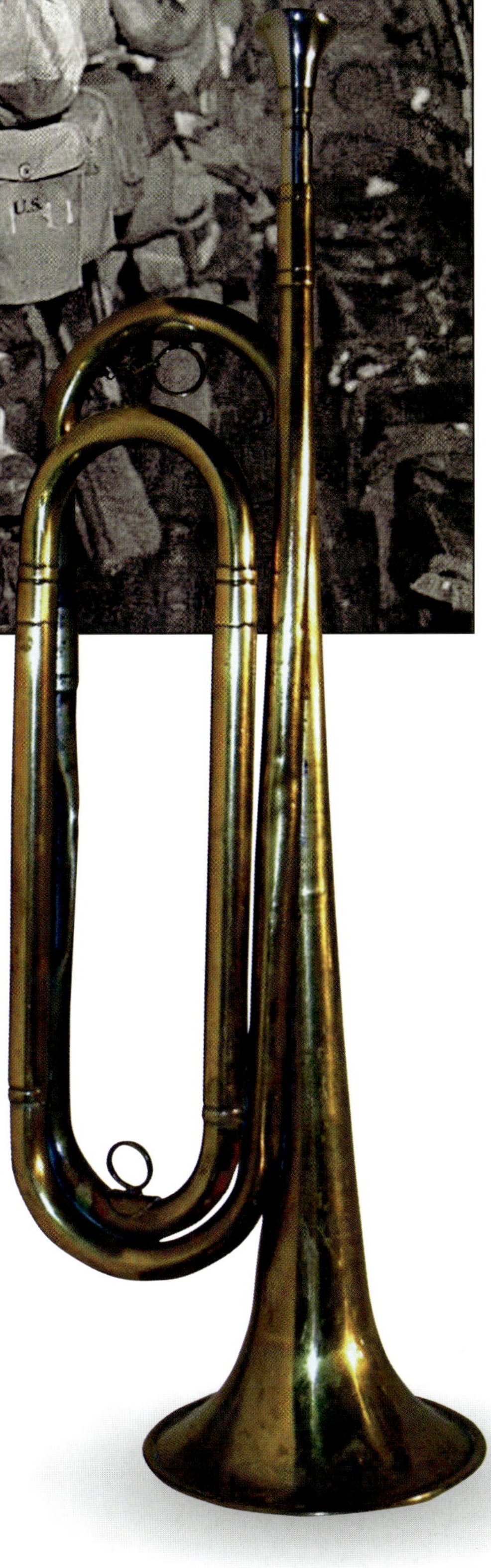

Clairon similaire à celui utilisé par Don Ross…

8. L'ASSAUT ET LA PRISE DE CARENTAN

La Compagnie « G » du 2/327th GIR est rattachée au 1/401st pour mener l'attaque sur Carentan par le nord-est. Le 1/327th est mis en réserve, remplacé par le 501st Parachute Infantry qui vient de franchir la Douve. C'est le Brigadier-General Anthony McAuliffe qui commande cette Task Force. L'assaut débute à 10 heures ce dimanche 11 juin 1944 sous les yeux de Max Taylor venu observer. Sous un barrage d'artillerie, et sous le feu des mortiers allemands, les deux compagnies progressent d'environ 450 mètres de par et d'autre du bassin à flot avant d'être clouées au sol par les mitrailleuses qui tirent depuis les premières maisons de la ville.

Harper échappe de peu à la mort en se rendant en première ligne. La situation est bloquée. Toute la journée voit une incroyable concentration de tirs par toutes les armes disponibles sur Carentan. Le soir venu, Harper retrouve Taylor, McAuliffe (artillerie de la 101st) et Howard Johnson, CO du 501st et Courtney Hodges, 1st Army Deputy Commander, au lieu-dit Le Rocher. Le plan d'attaque est revu ; Le 506th PIR remplace le 502nd dans l'attaque vers la Colline 30 au sud. Harper doit tenir le long du bassin à flot, avec son 401st renouvelant son assaut le long du canal. Les Geronimos (501st PIR) de Skeet Johnson sont retirés de leur position en réserve et traversent la Douve à Brévands pour effectuer un large mouvement d'encerclement par l'est. Le 9 juin, le 501st s'était regroupé dans le secteur de Vierville. Les hommes de Johnson se mettent en marche en direction du sud-est. Ils traversent la Douve sur un pont métallique érigé par le 238th Combat Engineer Battalion. Le 10 juin, les Geronimos traversent Brévands et Catz et se dirigent vers Saint-Hilaire-Petitville où ils se préparent à prendre d'assaut la colline 30, butte solidement défendue par de nombreux nids de mitrailleuses et de mortiers. Au matin du 12, les troopers s'élancent à travers les zones marécageuses à l'est de la colline 30 et s'emparent de l'objectif après un furieux et sanglant engagement. Ils se tournent alors plein sud pour recevoir de plein fouet la contre-attaque du Fallschirmjäger-Regiment 6 et du 37. SS-Panzer-Grenadier-Regiment à La Billonnerie.

La nuit du 11 au 12 juin est terrible pour Carentan. Au feu ennemi s'ajoutent l'artillerie américaine, et les obus des gros canons de la Navy. Allen et ses boys du 401st comprennent ce que « dig deeper » signifie !

A 5 heures du matin le 12 juin, le 401st du Captain Eldridge Naugher bondit de ses foxholes le long du bassin à flot et charge vers Carentan. Ils sont les premiers à pénétrer dans la ville. Bob Sink au sud pousse son 2/506 dans la ville, vers la gare, qu'il trouve seulement occupée par quelques snipers. A court de munitions, les Fallschirmjäger du Major baron von der Heydte se sont repliés durant l'obscurité. A 7h30 le 12 juin, paratroopers et glidermen font leur jonction en ville. Harper, Allen, et le colonel Bob Strayer, boss du 2/506th se retrouvent dans une maison non loin de la gare où ils débouchent une bouteille de vin fraîchement « libérée ». Les Allemands ont senti dès le 11 juin qu'ils étaient menacés d'encerclement. Leur artillerie, et quelques snipers demeurés en arrière ont ralenti la progression des GIs, permettant au gros des forces du FJ. Rgt. 6, de se retirer dans la nuit du 11 au 12 juin. Seul le secteur de la gare a fait l'objet d'âpres combats jusqu'aux derniers instants.

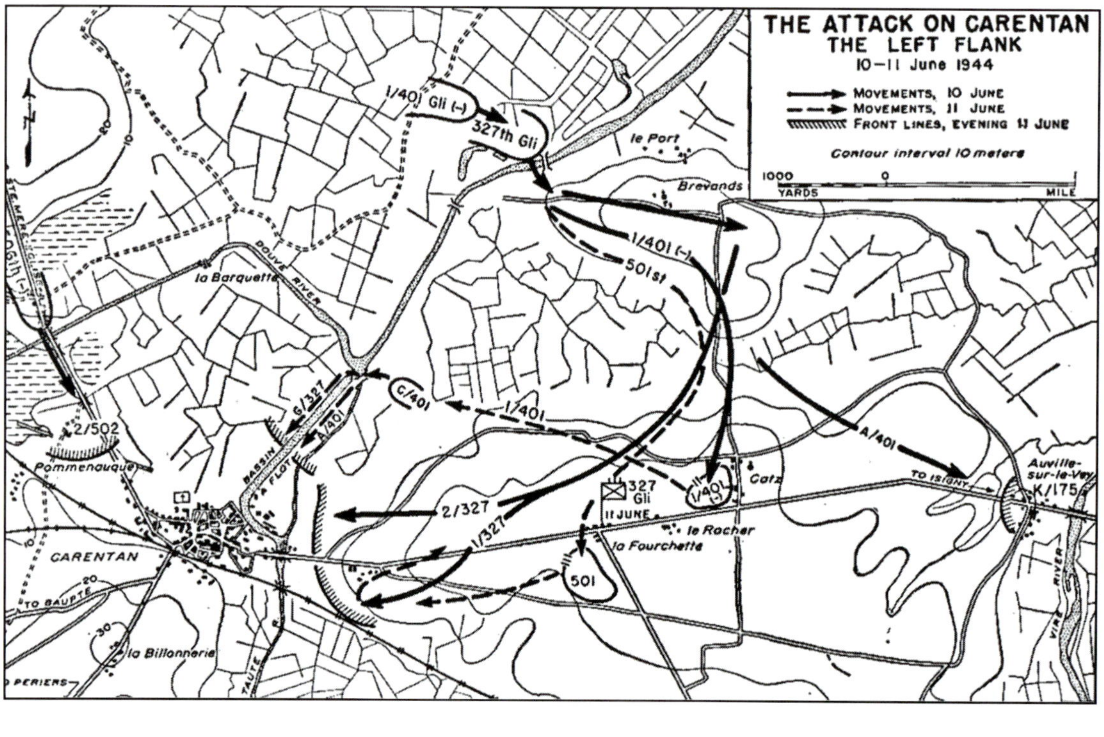

Les Glidermen à l'assaut de Carentan ; le 327th, et son troisième bataillon, constitué par le 1/401st, doit effectuer la poussée décisive depuis l'est et le bassin à flot toujours solidement défendu par les mitrailleurs allemands.

Anthony McAuliffe, *101st Airborne Artillery division Commander* : action sur la Douve

Le général Anthony Clement McAuliffe (2 juillet 1898 - 11 août 1975), né à Washington, D.C., West Virginia University en 1916-17 et diplômé de West Point en novembre 1918. Sous-lieutenant en 1918 et général en 1955.

Tony McAuliffe est principalement entré dans l'histoire grâce à son fameux « *Nuts* » prononcé au plus fort de l'encerclement de la *101st Airborne* à Bastogne en décembre 1944. On a oublié que c'est aussi à lui que l'on doit en partie la conquête de Carentan du 10 au 12 juin 1944, et l'affermissement des têtes de pont d'*Omaha* et *Utah Beach*. Il supervise la traversée de la Douve par le *327th GIR* aux premières heures du 10 juin. Il ordonne un tir de barrage pour couvrir la traversée. Des tirs trop courts tombent sur les *glidermen* de la Compagnie C du *327th*, causant d'importantes pertes. McAuliffe soutiendra toujours qu'il s'agissait en réalité de mines. L'examen des blessures des tués ce jour-là démontre que les causes sont imputables à la fois à des tirs d'obus et des éclats de mines…

McAuliffe était commandant de l'Artillerie de la *101st* quand il a été parachuté sur la Normandie le Jour J. L'*Assistant Division Commander* de la division, Don Pratt, est KIA (tué) le 6 juin lors de l'atterrissage de son planeur à Hiesville, et c'est à McAuliffe que Max Taylor confie le 9 juin le soin de mener l'attaque décisive qui doit conduire à la conquête de Carentan. La bataille est d'une telle importance pour les Alliés que le *Major General* Courtney Hicks Hodge, *Deputy Commander* de la *First US Army,* est sur place à Brévands pour superviser les débats.

Pour ses faits de guerre à Bastogne, McAuliffe sera récompensé de la *Distinguished Service Cross*, remise par le général Patton le 30 décembre 1944, suivie plus tard par la *Distinguished Service Medal*.

Après la bataille des Ardennes, McAuliffe recevra le commandement de sa propre division, la 103e division d'infanterie de la 7e Armée américaine. Il commandera cette division du 15 janvier 1945 à juillet 1945. Début mai 1945, elle libérera les personnalités françaises retenues dans le château d'Itter dans le Tyrol autrichien.

À la suite de la guerre, McAuliffe occupera plusieurs postes militaires, comme *Chief Chemical Officer* de l'*Army Chemical Corps*. Il retournera en Europe comme Commandant de la 7e Armée américaine en 1953 et comme Commandant-en-Chef de l'Armée américaine en Europe en 1955. Il sera promu *General* (général quatre étoiles) le 1er mars 1955.

Ci-contre : Anthony Mc Auliffe, West Point 1918.

Ci-dessous : Tony Mc Auliffe est commandant de l'artillerie de la *101st Airborne Division*. Il jouit aussi du rôle très informel de *deputy commander* de la *101st*, un grade qui n'existe pas, le rôle de N°2 de la Division étant détenu par Don Pratt le 6 juin puis, à la mort de ce dernier, par Gerry Higgins, ici à droite lors de manœuvres en Angleterre. (US Army)

A droite : Robert Frederick Sink, West Point 1927. (US Army)

Robert Frederick Sink, *CO 506th Parachute Infantry* : *Pionnier* et survivant...

West Point, 1927. Né le 3 avril 1905 à Lexington, Caroline du Nord. Première affectation avec le 8e d'Infanterie à Fort Screven en Georgie, avec rang de *Second Lieutenant*. Novembre 1929, il rejoint le *65th Infantry Regiment* à San Juan, Puerto Rico. En mars 1934, il est à Fort Meade avec son 34e d'Infanterie. Il reçoit son diplôme de l'Infantry School à Benning en septembre 1934 et est envoyé au *57th Infantry* à Fort Kinley, aux Philippines. En novembre 1937, retour aux USA et avec le *25th Infantry* à Fort Huachuca en Arizona de 1938 à 1940, comme commandant de compagnie ou responsable des opérations.

Il va alors suivre tout le développement de la toute nouvelle *US Airborne* à partir de juin 40 ; commandant de B company, *501st Parachute Battalion*, puis S-3, et XO du *501 PIB*, puis CO du *503rd PIB*. Devient XO du *503rd Parachute Infantry Regiment* en mars 1942 avec rang de *Major*.

En juillet 1942, on lui confie le tout nouveau *506 PIR*, avec rang de *Lt Colonel* à Toccoa puis Bragg. Il effectue toutes les campagnes du régiment en Europe. Il est le seul commandant de régiment de la *101st* à avoir effectué toute la guerre. Jumpy Johnson KIA *(501st)*, Moseley puis Michaelis WIA *(502nd)* ou George Wear *(327th GIR)*, relevé de son commandement, n'ont pas eu cette chance. On désigne ainsi le *506* par cet acronyme, le *Five o'Sink* (pour « *Five o' Six* »*...*)...

Il est en Normandie, acteur d'un événement peu banal et digne d'un western. Il établit, dès le 6 juin, le Poste de Commandement de son régiment dans un champ à Culoville entre le Holdy et Vierville. Il est sans contact avec son 3e bataillon censé faire face à Brévands sur la Douve. A 10 heures du matin, il réquisitionne une Jeep du *81st AAAB* arrivée par planeur, et son chauffeur, le *T/5* George W. Rhoden. Il prend avec lui Amory Roper et Salvadore Ceniceros de son régiment et décide de partir en reconnaissance vers Brévands, en compagnie du *Major* Hannah, S-3 du *506th*. Ils rejoignent la D-913 à Vierville et dépassent une sentinelle allemande interloquée. De part et d'autre de la route, de nombreux Allemands sont affalés, plus ou moins assoupis. Hannah abat la sentinelle avec son calibre .38. La Jeep accélère et ses occupants ouvrent le feu sur les Allemands qui hésitent à repiquer, de peur sans doute d'atteindre leurs camarades en vis-à-vis. La Jeep fait demi tour et repasse devant les Allemands. Ses occupants abattent de nombreux Allemands...

En août 1945, il sera *Assistant Division Commander* de la *101st Airborne*. On lui a décerné la *Silver Star*, la *Legion of Merit et la Bronze Medal*. Il terminera sa carrière dans l'administration, à West Point, Washington puis Panama.

Sink était très apprécié de ses soldats qui l'appelaient affectueusement « Bourbon » Sink, pour des raisons faciles à deviner...

Robert Frederick Sink est décédé le 13 décembre 1965, et enterré Section 1, Grave 320A au Arlington National Cemetery.

Ci-dessous : Bob Sink, alors *CO* du *503rd Parachute Infantry Battalion* en 1941.

Ci-dessous, à droite : Bob Sink à Toccoa en compagnie du commandant de son 3e bataillon, Bob « Bull » Wolverton, tué à Saint-Côme-du-Mont avant d'avoir même touché la terre normande.

Sur cette célèbre photo de remise des 11 *Silver Stars* place de la république à Carentan le 20 juin 1944, Sink est au beau milieu du rassemblement, devant la *Color Guard*.

1st Lt Robert Randall Harrison, *I/501st Parachute Infantry, 101st Airborne* : *Silver Star* à Carentan

Fin mars 1945, George S. Patton ordonnera au capitaine Abraham Baum de pénétrer plus de 80 km dans les lignes allemandes, à la tête d'une *Task Force, Combat Command B* de la *4th Armored Division*, afin de libérer un camp de POWs, prisonniers de guerre, l'Oflag XIII-B à Hammelsburg en Allemagne. La raison de cette entreprise à très haut risque était officiellement de prévenir toute annihilation des POWs par leurs gardiens. La « vraie » raison aurait été la présence dans cet Oflag du propre gendre de Patton, John K Waters, fait prisonnier en Tunisie en 43. Cette mission fut un désastre. Sur les 300 hommes de la *Task Force*, 32 furent tués, et seuls 35 hommes purent rejoindre les lignes US. Le reste fut fait prisonnier. Les 57 véhicules et chars furent détruits! Certains prisonniers profitèrent de cette entreprise pour tenter de fuir, mais beaucoup, affaiblis par les privations, demeurèrent dans le camp qui fut libéré quinze jours plus tard par l'avance alliée.

Parmi les « daredevils » qui tentèrent leur chance, un héros de Carentan, le *1st Lieutenant* Robert Randal Harrison. Un *platoon leader* de *Item Company*, *501st Parachute Infantry*, il est le 12 juin à l'attaque de la colline 30 près de la Billonnerie. Sa compagnie est clouée au sol par les mitrailleuses et canons de 20 mm situés sur les hauteurs. Harrison parvient en rampant à s'approcher à moins de 25 mètres d'une mitrailleuse. Il donne des coordonnées de tirs à l'artillerie qui bombarde pratiquement sa position. Deux de ses *scouts* sont touchés. Il les tire un par un à l'abri d'un chemin creux, toujours sous le feu. Harrison se voit décerner la *Silver Star* pour ces actions de la journée.

Harrison sera fait prisonnier à Wardin en Belgique le 19 décembre 1944. Le 28 mars 1945, profitant de la confusion résultant du raid de Abe Baum, il s'enfuira à pied en compagnie d'un autre officier. Les deux hommes seront abattus en tentant de franchir une rivière.

Silver Star, similaire à celle que Randall Harrison a reçu pour ses actions à Carentan.

Casque du *3/501st*… avec un filet petites mailles typique de l'*Operation Market* en septembre 1944. (Mark Bando)

Le *501st* effectue, le 12 juin, un grand mouvement par l'est, via Saint-Hilaire-Petitville. Son 3e bataillon traverse le canal Vire Taute par le pont de chemin de fer à demi détruit et attaque la colline 30 du côté de la Billonnerie.

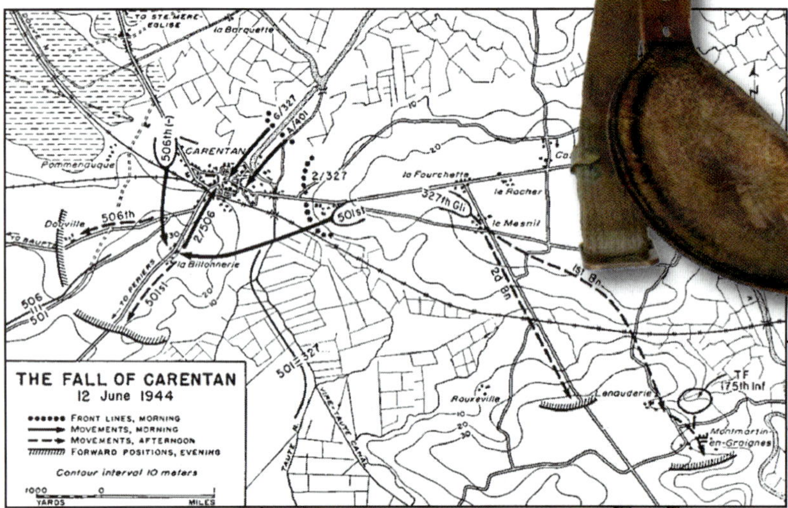

C'est par ce pont à demi détruit que les *troopers* du *501st* se lancent à l'assaut de la colline 30 fortement défendue par les canons de 20 mm allemands.

Clancy Lyall, *HQ 2/506th, 101st Airborne* : de Carentan à Dien Bien Phu

Clarence Clancy Lyall (14 octobre 1925 - 19 mars 2012), *paratrooper* à *HQ/2/506th*, puis *Easy Company* du *506th PIR*, de père Ecossais et de mère Cherokee, a reçu une de ses trois blessures au combat à Carentan, près d'une maison à demi détruite qu'il situe rue Holgate. Il cherchait à contourner un nid de mitrailleuses pour le détruire à la grenade quand, au détour d'une rue, il est embroché par une baïonnette. L'Allemand reste interloqué par son propre geste, et Clancy a le temps de dégainer son .45 et de le descendre. La lame n'a touché aucun organe sérieux, mais Lyall saigne abondamment. Il s'injecte le contenu d'une syrette de morphine. Il appelle un *medic*, et c'est le télégéniquement célèbre Doc Eugene Roe de *Easy 506th (Band of Brothers)* qui arrive, panse sa blessure… et lui injecte une syrette de morphine. On l'évacue sur *Utah*, où il reçoit… deux autres injections. Durant la traversée, c'est à trois reprises que les *medics* lui injectent la drogue. Arrivé au *92nd General Hospital* à Londres, c'est toutes les deux heures qu'on lui injecte de la morphine. Au bout de deux semaines, sa blessure est cicatrisée… mais Clancy est devenu morphinomane. Il demande à être enfermé dans une salle de désintoxication. Il va y rester quatre jours épouvantables, et en ressortira sevré, mais méfiant. Lorsqu'il sera blessé à la jambe par un shrapnel début octobre 44 à Opheusden (Pays-Bas), en même temps et à côté de David K. Webster, il refusera obstinément, et malgré la douleur, la moindre injection…

Pour mémoire… Clarence Odell « Clancy » Lyall s'était engagé à Indiantown Gap en Pennsylvanie en 1942 et est envoyé à Camp Blanding. Il demanda à suivre la formation de la Parachute School en avril 1943. Avec ses wings, il a suivi les cours de communication, puis de démolition en août 43. De septembre 43 à mars 44, il fut instructeur du stage de Jump school. En mai 44, il intégra le *2/506*, et fut envoyé en Angleterre juste pour *Overlord*. Il sauta au-dessus de Sainte-Mère et atterrit dans un arbre. Trois fois blessé, il survivra à la guerre et, lorsque la *101st* est désactivée en novembre 45, il se réengagera et se trouvera versé au… *508 PIR, B Company*. A ce titre, il prendra part à la Victory Parade de New York en janvier 1946. Il décide de rester dans l'armée, suit des formations commandos, Rangers, jungle fighter. En 1950, il sera au *187th PRCT* et sautera en Corée à Suchon, puis à Munsan Ni.

Réassigné à la *101st* qui a été réactivée en 48, il devient « *special advisor* ». C'est à ce titre qu'il est assigné comme conseiller au 8e Bataillon Etranger de Paras et sera engagé à Dien Bien Phu. Il sera évacué quatorze jours avant que Dien Bien Phu ne tombe…

Lt G. William Sefton, S-2, 2/501st Parachute Infantry, 101st Airborne : Its a long way to Tipperary

G. William « Bill » Sefton, de Grand Rapids dans le Michigan est décédé le 7 décembre 2015. Il était né à Anderson dans l'Indiana et était le fils d'un officier qui avait combattu durant la Première Guerre mondiale, Pete Sefton. Bill Sefton s'était engagé à l'âge de 19 ans. Il effectua ses classes à Camp Roberts en Californie. Il se porta volontaire et fut accepté à l'Officer's Candidate School de Fort Benning.

Avec son brevet de *Second Lieutenant* en poche, il se porta volontaire pour The Parachute School (TPS). Breveté parachutiste, il fut assigné à la section S-2 (Renseignement), du deuxième bataillon, *501st Parachute Infantry Regiment*, sous les ordres de Robert Ballard. Il a écrit ses mémoires, de manière brillante et souvent humoristique : « *C'était ma guerre, et je m'en souviens de la manière que je l'entends…* » Le Jour J, il saute loin de sa *Drop Zone*, près de Pouppeville. Dès le 6 juin, il a rassemblé près de 60 hommes autour de lui et attaque les hauteurs vers Saint-Côme-du-Mont à la baïonnette. Il rejoint Basse Addeville, puis retrouve Johnson à La Barquette. Le vendredi 9 juin, il récupère de ses efforts près du petit muret qui borde la maison du Dead man's corner quand une balle vient frapper la pierre quelques centimètres au-dessus de sa tête. Un tireur allemand est embusqué dans les petites maisons du village du Pont d'Ouve, au bord de la Nationale 13. Bill s'empare d'un fusil et tire, un peu au jugé, sur la fenêtre du pignon d'où semble être parti le coup. Un GI qui observe la scène à la jumelle s'écrit : « *Vous l'avez eu Lieutenant !* ». Sefton en a douté toute sa vie ! Le 12 juin, le *3/501st* monte à l'assaut de la colline 30 au sud de Carentan. Bill Sefton conduit ses gars de la section S-2 du *2/501st* le long de la RN 13 jusqu'au secteur de la gare. Il traverse le canal Vire-Taute en utilisant la voie de chemin de fer partiellement détruite. Alors qu'il chemine le long des maisons en feu, un groupe de civils sort des caves et les entoure avec enthousiasme. Un vieux français avec une jambe de bois sort, brandissant une bouteille de vin, en chantant « *It's a long way to Tipperary* ».

Sefton effectuera la jonction avec le *506th* de Bob Sink avant de rejoindre le poste de commandement de Robert Ballard, *Commanding Officier* du *2/501st*, pour l'informer que la voie de la gare était ouverte.

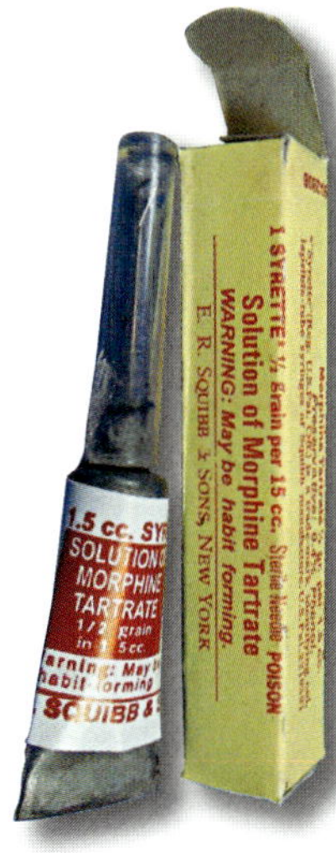

C'est ce type de syrette de morphine qui équipait les paras américains et dont Clancy a fait usage à Carentan.

A gauche : Clancy Lyall est grièvement blessé rue Holgate à Carentan. (US Army)

A droite : Bill Sefton, officier de la section S-2 du 2e bataillon du *501st*, section chargée de rassembler des renseignements sur l'ennemi.

9. Briser la contre-attaque SS

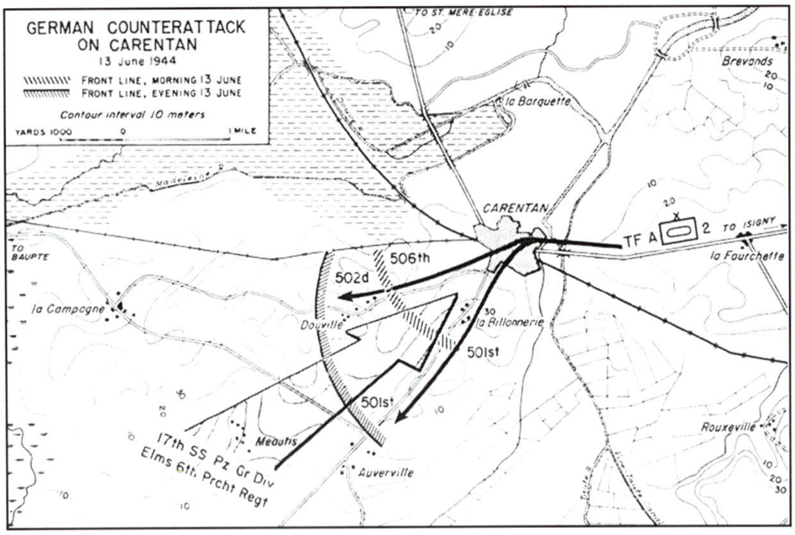

Dès le 12 juin après midi, les avant-gardes de la *17. SS-Pz.-Gren.-Div.* se heurtent aux paras du *501st PIR* au sud de Carentan. Fidèles à leur doctrine, les Allemands après un retrait initial, contre-attaquent furieusement. Avec quelques canons d'assaut contre paras épuisés et démunis d'armes lourdes, le combat semble inégal… Cependant les blindés de la *2nd Armored Division* arriveront à la rescousse, faisant pencher la balance dans l'autre sens.

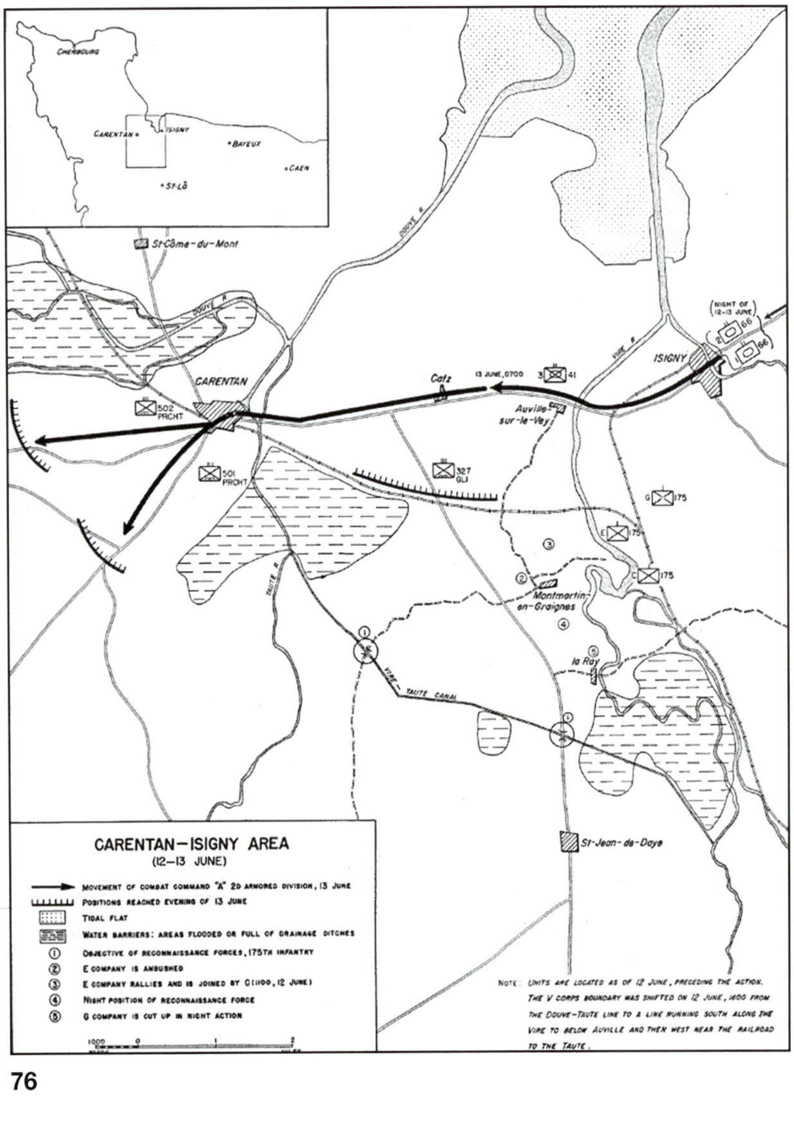

Les mouvements allemands n'ont pas échappé au haut commandement américain qui détourne, dès le 12 juin au matin, tout un *Combat Command* de la *2nd Armored Division*. Placés sous le commandement du général Maurice Rose, les Shermans du *66th AR* foncent sur Carentan.

L'ordre côté allemand est venu de Hitler lui-même ; Carentan doit être repris. La 17. SS-Panzergrenadier-Division « Götz von Berlichinghem » *arrive de Thouars avec pour mission, de rejeter les Américains à la mer. Son Commandant, le Brigadefuhrer Werner Ostendorff est furieux quand il apprend, le 12 juin, que von der Heydte et ses paras ont évacué Carentan. Il regroupe* Waffen-SS *et* Fallschirmjäger *autour de ses blindés et attaque à l'aube du 13 juin. Le clash avec les paras des* 501st *et* 506th PIR *est terrible. Epuisés par déjà une semaine de combats non-stop, trop légèrement armés, les* troopers *fléchissent. C'est l'arrivée du 1*[er] *bataillon du* 66th Armored Regiment *de la* 2nd Armored Division *qui va retourner l'issue des combats. Et le* 401st, *rattaché au* 502nd, *est de la partie. Les* gliderists *se déploient entre les Shermans, et exploitent les brèches créées par les tanks dans les haies. Tandis que le* 327th *sécurise une ligne de défense courant le long de la voie de chemin de fer à l'est de Carentan, puis Montmartin-en-Graignes, le* 401st *est confronté à un vicieux combat de haie, parfois au corps à corps, face aux Waffen-SS qui ne reculent devant aucun stratagème pour briser l'avancée des Tanks et des paras. C'est ainsi que le capitaine Naugher,* CO *de* A/401st *va perdre la vie en ce 13 juin. Trois officiers allemands se dressent devant lui, agitant un drapeau blanc. Eldridge Naugher se redresse hors de son abri. C'est alors que les trois Allemands se jettent au sol, ouvrant l'angle de tir à une mitrailleuse embusquée qui abat le commandant de A/* 401st. *Les Allemands seront repoussés, subissant des pertes qualifiées de « relativement supportables » dans les sources allemandes. Cependant, contre les chars américains,* « les moyens de défense étaient insuffisants avec une seule section de Panzerjäger de la *3./SS-Panzerjäger-Abteilung 17* sur affûts automoteurs et une seule compagnie de Sturmgeschütze a été engagée ». (1) *Les tankistes de la* 2nd Armored Division *reçoivent de leurs ennemis le surnom de* « Roosevelt's butchers », *les bouchers de Roosevelt.*

Bloody Carentan…

Bloody Gully, Bloody gulch… ces mots claquent comme une rafale de MG 42. Ils résument à eux seuls la confusion et la violence des combats des **12 et 13 juin** 1944 au sud-ouest de Carentan, livrés par les trois bataillons du *506th PIR*, face aux parachutistes allemands en retraite, et aux Waffen-SS de la *Götz von Berlichingen* accourus depuis Thouars pour rejeter les Américains à la mer. Le clash a eu lieu à l'est de la voie ferrée Carentan-Baupte, le long de la D 223, en un secteur de champs bordés de hautes haies et de profondes

(1) Voir Jean-Claude Perrigault et Rolf Meister, *Götz von Berlichingen,* Heimdal, 2004, p.236.

sentes que les GIs ont indistinctement qualifié de *Gully* ou de *Gulch*, au point que, des décennies plus tard, nul ne sait plus véritablement quel mot qualifiait quel endroit. Même les historiens les plus pointus ont encore du mal à situer l'un par rapport à l'autre, ainsi qu'en témoigne Mark Bando, le spécialiste de la *101st Airborne...*

Ne pas confondre *Bloody Gully* (ravine ou fossé sanglant) et *Bloody Gulch* (ravin sanglant).

Il s'agit en ce qui concerne la bataille pour Carentan de deux endroits différents. C'est l'écrivain Ian Gardner qui en donne l'explication dans son bouquin *« Tonite we die as men »*, sur le *3/506*. *Bloody Gully* se situe au sud de la route qui court d'est en ouest en dessous de Donville. (D 223) *Bloody Gulch* est au nord de cette même route et est bordé sur sa droite par la voie de chemin de fer.

La location exacte de *Bloody Gully* fait toujours l'objet de débats. Les vétérans du *3/506* eux-mêmes n'ont pas tous réalisé que *Bloody Gully* et *Bloody Gulch* faisaient référence à deux combats particuliers et différents. Quand ils parlent des combats du 12 juin, les hommes des *1st* et *2nd Battalion* pensent qu'ils parlent du même endroit que les gars du *3/506*. Ils en parlent entre eux comme s'il s'agissait du même endroit. Or, ce n'est pas le cas.

Cette confusion est compréhensible car les configurations de combat sont les mêmes, chaque bataillon du *506th* faisant front vers l'ouest, le même jour 12 juin, dans une zone située au sud-ouest de Carentan, et face au même ennemi, *FJ Rgt. 6* et *17. SS-Pz.Gren.-Div.* Les vétérans, dans leur propos, alternent les termes *bloody gulch* et *bloody gully,* pensant qu'il s'agit d'un seul et même endroit.

Ian Gardner, après de longues interviews avec les survivants du *3/506*, et en s'aidant de schémas, a décelé que les gars du *3/506* soutenaient que leur flanc droit était limité par une route, tandis que les boys des *1* et *2 Battalions* soutenaient que c'était la voie ferrée. L'historien de la *101st,* Mark Bando, poursuit ses investigations, en s'appuyant sur des diagrammes des *Lt.* Ronald Speirs (D/506) et *Lt.* Dick Winters *(3/506)*. Des recherches au détecteur de métal ont révélé nombre de douilles tant allemandes que US à proximité du pont sous la voie ferrée, indiquant ce qui pourrait avoir été la MLR d'*Easy Company*.

Le dimanche 11 juin, le *FJ Rgt. 6* s'est retiré de Carentan et a pris position au sud-ouest de la ville. Il ne se considérait pas encore battu, et venait de recevoir l'appui de la *17. SS-Panzergrenadier-Division « Götz von Berlichingen ». SS* et *FJ* préparèrent tout de suite une importante contre-attaque avec pour objectif Saint-Côme-du-Mont, pour repousser la *101st Airborne* vers les plages.

Le lendemain 12 juin, le *HQ 101st* ordonna au colonel Robert Sink, *CO* du *506 PIR*, de monter des positions défensives à l'ouest de Carentan. Les *1* et *2 Battalions* prirent position dans la matinée. A 14 heures, les Allemands attaquaient aux environs du manoir de Donville et le *1/506* subissait un terrible bombardement de mortiers autour de Donville. L'attaque fut repoussée et Sink appela à la rescousse son 3e bataillon qui était en réserve pour une attaque générale du régiment le lendemain 13 juin à 5 h du matin. Le *3rd battalion* se mit en marche dans la nuit du 12 au 13 juin pour rejoindre les *1* et *2/506*.

Joe Doughty est capitaine en fin de guerre. En tant que *1st Lieutenant*, il a mené la compagnie G du *506th* dans les combats de *Bloody Gully*. (Ian Gardner)

Le *1st Lt* Joe Doughty, G Company CO, se souvient :

« Il faisait nuit et humide quand nous avons pris la RN 803 (aujourd'hui D 223 vers Cantepie ndlr) *à la recherche de* 1/506. *C'est alors qu'une moto est sortie du brouillard et s'est approchée de nous, se dirigeant vers Carentan. On a arrêté le motard et on lui a demandé où se trouvait* 1/506. *Il est descendu de sa machine incrédule ; c'était un Allemand ! »*

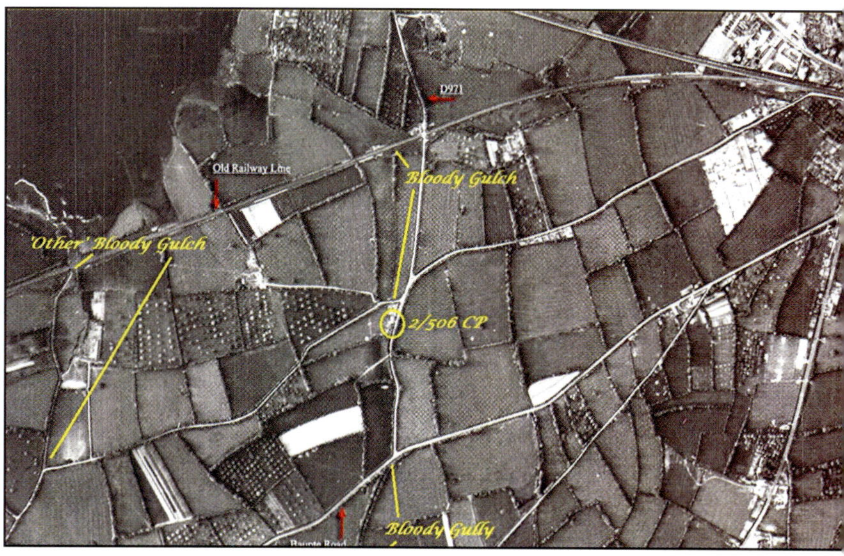

Les champs en Normandie sont sillonnés par de petits chemins creux très enfoncés et bordés de haies. Ils participent à la confusion des appellations dans le souvenir des vétérans, entre « Gulch » et Gully ». Il s'agit en tous cas de zones géographiques entre la ligne de chemin de fer vers Baupte, la route d'Auvers (D 223) et la D 443 vers Méautis... (US Army)

Seules armes lourdes de la 101e Airborne, les canons « 6 Pounders » du *81st Airborne Anti Aircraft Anti Tank Battalion* entrent en action route d'Auvers, au sud de Carentan face aux canons automoteurs *(Sturmgeschütz)* allemands. Joe Trenge et Charles Maden font partie des servants de ce canon qui a détruit deux StuGe le 13 juin. Le canon d'assaut (StuG III) sur cette image est arrivé par-derrière, par la route de Baupte, et a été détruit par Trenge au bazooka. (Source Mark Bando)

Mortier de 60 mm, l'arme de Robert Houston à Carentan.

Sergent Robert Houston, *H/501st Parachute Infantry, 101st Airborne*, l'artiste du mortier

Le sergent Robert J. Houston, servant de mortier de 60 mm au sein de la compagnie H du 3e bataillon du *501st Parachute Infantry*, s'est vu décerner une *Distinguished Service Cross* pour ses actes de bravoure sur la colline 30, au lieu-dit La Billonnerie au sud-est de Carentan. Houston, professeur de gymnastique à Theresa, New York, saute le 6 juin en Normandie. Il atterrit au sud de Carentan, en compagnie de 14 hommes, dont son ami, le *Staff/Sergeant* John « Mac » McMullen, loin de sa Drop Zone de Hiesville. S'engage durant ces premières heures de l'invasion un jeu de chat et de souris entre Houston, Mac et les Allemands. Durant un échange de coups de feu, McMullen est blessé à la jambe. Les paras parviennent à traverser la Douve, probablement du côté de Le Port, à Brévands, non loin du pont en bois. Houston confie son camarade blessé à des hommes du *506th*. Il se dirige ensuite vers la Barquette puis rejoint la ferme Fortin à Pénême où il est témoin de la mort tragique de Madame Odette Fortin et de la petite Georgette Revet, tuées par un obus dans la cour de la ferme alors qu'elles puisent de l'eau pour les blessés. Houston reste avec le *501st* à la Barquette et ne rejoint Vierville, lieu de rassemblement de son régiment, que le 9 juin.

Le *501st* d'Howard Johnson se voit confier la mission de contourner Carentan par l'est, après avoir traversé la Douve le 11 juin sur un pont provisoire. Houston et son bataillon atteignent Saint-Hilaire-Petitville et traversent la Taute par le pont de chemin de fer à demi écroulé. Sa compagnie H, menée par les lieutenants Curran et Herbert, est en tête et doit franchir un espace découvert et marécageux pour progresser vers la Billonnerie, fortement défendue par des mortiers et des canons de 20 mm. Houston porte son mortier de 60, avec 6 obus. Dès le pied de la colline, les Allemands ouvrent le feu avec toutes les armes à leur disposition. Le lieutenant Curran ordonne à Houston de réduire les nids de mitrailleuses allemandes. Les pertes américaines sont terribles. Le lieutenant Herbert est grièvement blessé au visage et Houston le panse comme il peut. L'artillerie américaine tire au phosphore, et des obus tombent trop courts sur les paras blessés. Houston repère les départs de tirs de 20 mm. Il prend position en bordure d'une haie. Son premier obus tombe un peu court. Il ajuste l'élévation de son tube et envoie un obus en plein dans la position fortifiée allemande. Il tire trois autres obus coup sur coup et tue les cinq servants du canon de 20 mm. En compagnie de Cassada et Lenny Loyd, il se précipite, grenades à la main sur les positions allemandes pour achever les défenseurs. Les paras ne font pas de quartier, tuant les défenseurs qui tentent de s'échapper. C'est tout le 3e bataillon du colonel Julian Ewell qui rejoint bientôt Houston sur la colline 30. L'encerclement de Carentan est achevé, avec le *506th PIR* arrivé de l'ouest. Robert Houston sera blessé par un shrapnel à la cheville le 16 juin et évacué sur Carentan, puis envoyé en Angleterre.

Pour la petite histoire, Houston prétend avoir battu le record établi par Howard Johnson sur les 6 miles de la course jusqu'au sommet du Mont Currahee à Camp Toccoa, Georgia.

Robert Houston, l'artiste du mortier, Distinguished service Cross dans le secteur de la Billonnerie à Carentan lors de l'attaque frontale du *3/501st* sur la colline 30, lourdement fortifiée…

De Carentan à «un Pont trop loin» : le *Captain* Legrand Johnson, *F/502nd, 101st Airborne*

L'histoire est celle du *Captain* Legrand King «Legs» Johnson, CO de *F/502*, récipiendaire de la *Silver Star* pour acte d'héroïsme en Normandie le 13 juin 44 au sud de Carentan. Robert Strayer, CO du *2/506*, face à l'arrivée de blindés de la *17. SS* lors de la bataille de *Bloody Gulch/gully*, appelle le CP de la division pour recevoir des renforts. Taylor lui envoie *F/502*, commandée par « Legs » Johnson. Le jeune capitaine choisit de contre-attaquer immédiatement sans attendre les chars de la *2nd Armored*. Les *troopers* de *F/502* foncent de pré en pré jusqu'à se retrouver encerclés par les SS. Johnson est dans une situation critique. Certains *troopers* se lèvent pour se rendre et sont abattus par les Waffen-SS. Johnson entend alors, à 200 mètres derrière lui, le bruit caractéristique des chars Sherman. Par petits bonds, accompagné du lieutenant Donald Alexander (DSC, KIA 19 juin), il tente d'attirer l'attention des chars US. Ceux-ci n'entendent rien. Johnson ouvre le feu sur les chars américains dont un commandant accepte enfin de sortir en gueulant comme un putois ! Johnson les emmène avec lui et repousse les Allemands qui reculent jusqu'à Auvers. Legs recevra la DSC pour cette action qui brise l'élan de la *17. SS-Pz.-Gren.-Div.* sur la route d'Auvers.

Legs sera blessé à l'épaule le 18 septembre en Hollande alors qu'il mène l'attaque de sa compagnie sur Best. Legs refusera l'évacuation par les *medics* tant que les plus sérieusement blessés que lui ne seront pas à l'abri. Il montera finalement dans une jeep mais, en faisant route vers l'hôpital, la voiture sera prise sous le feu d'un MG 42. Une balle transpercera son casque et lui arrachera une partie du crâne. Il perdra connaissance et, lorsqu'il arrivera à l'hôpital, les médecins, surchargés de travail, à la vue de son cerveau exposé, le placeront sur la pile de cadavres. Son sergent, Charles Dohun, se rendra en fin d'après-midi à l'hôpital de campagne pour prendre des nouvelles de son CO. Il aperçoit le corps de Legs sur la pile de cadavre. Il s'approchera, l'examinera et se rendra compte qu'il respire encore. Il le portera jusqu'à un bloc opératoire et demandera à un chirurgien de l'opérer. Celui-ci refusera, le considérant comme perdu. Dohun dégainera alors un Lueger et menacera le médecin. L'opération sera un succès. Legs se réveillera six semaines plus tard en Angleterre, «*deaf, dumb and blind*», avec une plaque en fer dans le crâne. Contrairement à ce que montre le film, le chirurgien ne se montrera pas conciliant et placera Dohun aux arrêts. Le *Lt Col* Steve Chappuis, CO du *2/502*, sera informé de l'affaire. Il fera venir Dohun et le place aux arrêts... pour une minute, montre en main.

La compagnie F du *502nd* constitue, le 13 juin 1944, à peu près les seules réserves dont dispose la *101st Airborne Division* face à l'attaque conjuguée des paras du *F.J.- Regt. 6* et des grenadiers de la *17. SS-Pz.Gren.-Div.*, appuyés par quelques StuG. Legrand Johnson va s'illustrer et remporter une Silver Star pour ses actions à *Bloody Gulch*.

Un Américain à Carentan, Edward Shames, *3/506th Parachute Infantry, 101st Airborne*

Edward David Shames est l'un des derniers grands héros de Carentan encore en vie. Ed s'est élevé en quelques mois du rang de simple soldat à celui de *2nd Lieutenant* durant la guerre, obtenant une promotion sur le champ de bataille à Carentan, pour ses actions aux ponts de Brévands, et aussi dans le secteur sud de Carentan connu sous l'appellation de *Bloody Gully*. Né un 13 juin (1922), il a bien cru sa dernière heure arrivée... un 13 juin 1944. Pour toutes ces raisons, Carentan tient une place particulière dans ses souvenirs. C'est aussi l'endroit où il atterrit vers 1h40 le 6 juin, juste devant l'usine Gloria.

Edward David Shames est né à Virginia Beach, Virginia, d'un père moldave et d'une mère biélorusse, d'origine juive. Comme ses frères, et beaucoup d'Américains, dès l'attaque japonaise sur Pearl Harbor, il rêve de s'engager. Ed tombe sur une pub dans un journal national pour une toute nouvelle arme, les *paratroops*. Il signe sans trop réfléchir ! Il est envoyé à Camp Lee, puis à Camp Toccoa en Georgie avec ordre de se présenter au *506th Parachute Infantry Regiment* commandé par le colonel Robert Frederick Sink, dit « the Fox », un *West Pointer* et pionnier de la toute jeune *US Airborne.* Ed est versé au 3e bataillon de Robert Lee Wolverton, Compagnie Item, comme simple *Private*. Wolverton remarque vite son aptitude à s'orienter, lire les cartes et reproduire la topographie des lieux. Il l'attache à son équipe de S-3 du bataillon. C'est à ce titre que, quelques jours avant le Jour J, Ed se verra confier la tâche de réaliser les maquettes les plus détaillées possibles des zones de parachutage. Au moment d'embarquer pour le D-Day, Ed a la mauvaise surprise de s'entendre dire que sa place dans l'avion de Wolverton a été donnée à Ward Smith, journaliste au « *News of the world* ». Une décision qui lui sauve probablement la vie puisque Wolverton et la plupart des passagers de ce stick sera soit tuée ou capturée. A 1h40 le matin du 6 juin, Ed atterrit devant l'usine Gloria à Carentan. Il suit le bassin à flot jusqu'à l'écluse et parvient à traverser la Douve en compagnie de quatre hommes. A travers les marais, il rejoint La Barquette où il retrouve le colonel Johnson, boss du *501st PIR*, puis la ferme Fortin de Pénême, transformée en infirmerie de campagne, et de là ce qu'il reste du *3/506th* aux ponts de Brévands. Il va y combattre toute la journée des 6 et 7 juin avec le capitaine Charles Shettle, tirant sur les Allemands de l'autre côté de la Douve avec un mortier auquel il manque l'embase. Il assistera impuissant aux bombardements et à la destruction des ponts par les P-51 Mustangs du *353rd US Fighter Bomber Squadron*.

Le jour de son 22e anniversaire, le mardi 13 juin 1944, il est pris dans l'infernal tourbillon des combats au sud de Carentan, face à la contre-attaque SS dans le secteur de *Bloody Gulch*. Il va de nouveau s'illustrer par sa capacité à analyser les situations stratégiques de combat, et son courage au feu pour communiquer avec les postes de commandement. Pour l'ensemble de ses actions durant cette première semaine de l'invasion à Carentan, il est promu *2nd Lieutenant*, et on lui remet une *Distinguished Service Cross*.

Ci-contre : Ed Shames, 22 ans un mardi 13 juin.

Ci-dessous : l'usine *Gloria* de Carentan devant laquelle Ed Shames a atterri dans la nuit du 6 juin, avant de progresser le long du bassin à flot et de traverser la Douve à la nage. Cette usine avait été rachetée avant guerre par la compagnie américaine *Carnation Milk Company*, et c'est avec grande surprise que des *Troopers*, comme Harold Stedman de *F/502nd*, ramassèrent au sol une étiquette de boite de lait au nom de la compagnie pour laquelle Ed Shames avait travaillé aux USA. (US Army)

2nd Armored, les « bouchers de Roosevelt » ! (Coll. privée)

Les hommes du *41st Armored Infantry Regiment* de la *2nd Armored Division* sont équipés de tenues HBT camouflées, une pièce ou deux pièces, durant les premiers jours du débarquement… (Michel Quilez)

M7 Priest de la *2nd Armored Division* à hauteur du passage à niveau rue Holgate depuis disparu… (US Army)

Le général Maurice Rose et les bouchers de Roosevelt Les blindés de la *2nd Armored-Division* sont un facteur décisif dans la libération de Carentan

Fils et petit-fils de rabbins, Maurice Rose s'est engagé à l'âge de 15 ans en qualité de soldat dans l'armée du général Pershing afin d'aller combattre au Mexique avant la Première Guerre mondiale. Il a été « éjecté »lorsque son trop jeune âge a été découvert.

Rose insiste et, à 17 ans, obtient un diplôme au « First Officers training camp » à Fort Riley, Kansas, et reçoit son brevet de *2nd Lieutenant*. Il part avec le corps expéditionnaire US pour la France. Il est blessé à Saint-Mihiel. L'entre deux guerres le verra tout d'abord quitter l'armée pour devenir agent de voyage, mais il « rempile » bien vite, et obtient le grade de capitaine se spécialisant dans les blindés.

Au cours de la Seconde Guerre mondiale, il est affecté à la *1st Armored Division* en Afrique. Il est le premier officier à accepter la reddition d'une grande unité allemande.

Il est ensuite nommé chef du *Staff* de la *2nd Armored Division*. Il remporte sa première *Silver Star* en Sicile en 1943. Le 7 juin 1944, il débarque en Normandie avec la *2nd Armored*. C'est à lui que l'on demande le 12 juin d'aller soulager la *101st Airborne* à Carentan avec son *Combat Command A*, qui comprend notamment le *66th Armored Regiment*, le *82d Armored Reconnaissance Bn*, 2 Bns du *41st Armored Infantry Regiment*, le *14th AFA Bn* et le *92d AFA Bn*.

Le mardi 13 juin, Rose envoie en avant ses unités de reconnaissance. A 3h22, il rassemble ses forces aux Vers près d'Isigny. A 04h00, la *Reconnaissance Co* du *66th AR* est engagée par plusieurs panzers et par de l'infanterie. La D/66 est détachée et envoyée à Carentan pour assister la *101st* dans le nettoyage du côté ouest de la ville, mais avant que l'opération ne débute, l'unité doit revenir pour repousser, avec le *2/66,* la contre-attaque allemande sur Carentan.

Blindés de la *2nd Armored* et parachutistes de la *101st* vont, toute la journée, repousser les chars de la *17. SS-Panzergrenadier-Division Götz von Berlichingen*, avec une telle efficacité que les Allemands appelleront dorénavant la *2nd Armored Division,* les « bouchers de Roosevelt ».

En août 1944, Rose reçoit le commandement de la *3rd Armored Division*. Bien que Général, il est toujours aux avant-postes. Sous son commandement, son unité parviendra à parcourir 160 kilomètres en une seule journée. La *3rd Armored* a joué un rôle principal lors de plusieurs campagnes et a été la première à traverser le *Westwall*.

Le 30 mars 1945, dans la région de Paderborn en Allemagne, le général Rose accompagne un groupe d'intervention. Il se retrouve dans une des trois Jeeps, en compagnie de deux motos et avec la couverture d'une voiture blindée. La colonne circule sur une petite route boueuse, dans les bois lorsqu'elle est coupée en deux par des tirs d'arme automatiques. Un des chars de la force d'intervention est détruit, tout comme l'une des Jeeps d'accompagnement du général. Sa propre Jeep se retrouve au fossé. Voyant les chars ennemis arriver, il ordonne d'aller de l'avant. L'ennemi tire des fusées éclairantes. La Jeep de Rose tombe nez à nez avec un blindé allemand sortant du bois, puis un second blindé et enfin un troisième. Le chef de char allemand ordonne aux Américains de se rendre. Peut-être a-t-il vu le général Rose tenter de prendre son arme ? il ouvre le feu avec sa mitrailleuse de tourelle, tuant le général sur le coup.

Le chauffeur de la Jeep de commandement (*T/5* Shaunce) ainsi que le *Major* Bellinger parviennent à s'enfuir en toute hâte et à se perdre dans les bois.

L'armée américaine a perdu ce jour-là l'un de ses plus grands soldats et peut-être le commandant le plus en pointe de sa spécialité. Héros de Carentan, le général Maurice Rose est enterré au cimetière américain de Margraten (Pays-Bas)

A droite : un héros américain, Maurice Rose... (US Army)

Ci-dessous : mars 1945, Maurice Rose reçoit la Croix de Guerre des mains du général Louis Koeltz.

Joe Pangerl, un « Ritchie boy » à Carentan... ici à gauche avec son équipe d'interrogateurs du *502nd PIR*.

Joseph Pangerl : des Allemands pour interroger les prisonniers de guerre allemands

Le *Captain* Joe Pangerl était le chef de la section d'interrogation N°1 (IPW N°1 = Interrogators, Prisonner of war) du *502nd Parachute Infantry Regiment* ; son rôle était d'obtenir des renseignements des prisonniers de guerre. D'origine autrichienne, ayant immigré à l'âge de 3 ans, Pangerl parlait allemand couramment. Il était un «*Ritchie boy*» original. Les *Ritchie boys* étaient des soldats principalement d'origines juives, allemandes et autrichiennes, que l'US Army avait rassemblé à cause de leurs qualités spécifiques à obtenir des renseignements. Ils avaient été formés à Camp Ritchie, dans le Maryland avant d'être assignés à différentes unités, d'où leur surnom.

Les *Ritchie Boys* étaient un groupe d'environ 10000 jeunes Allemands, juifs pour la plupart, qui, ayant fui l'Allemagne nazie, choisirent de s'engager dans l'armée américaine. Ils firent leur instruction au centre de formation du renseignement militaire *(Military Intelligence Training Center)*, — connu également sous le nom de Camp Ritchie, dans le Maryland, — où ils furent spécialement formés aux techniques de la guerre psychologique moderne. En effet, leur connaissance de la langue, de la culture et de l'esprit allemands, supérieure à celle des soldats d'origine américaine, les disposait tout particulièrement à cet emploi, dont le principal objectif était d'étudier l'ennemi et de le démoraliser, afin d'obtenir sa capitulation inconditionnelle.

Le 5 juillet 1944, Pangerl est dans une ferme proche de Cherbourg en compagnie de deux autres linguistes attachés au régiment, le *1st Lt* Nicholas Ermolieff, et le lieutenant Robert Judels, tous deux d'origine russe, et chargés d'interroger les prisonniers d'origine des pays de l'Est, les fameux volontaires de l'Est, Ukrainiens, Géorgiens, Mongols, enrôlés comme volontaires dans l'armée allemande. Tous ces hommes appartenant à la section « renseignement » du *502nd PIR* examinent des armes prises aux Allemands. Soudain, l'arme que détient Judels part par accident, et Ermolieff tombe raide mort.

A noter que chaque régiment parachutiste de la *101st Airborne, 506th, 502nd* et *501st*, était organisé différemment en ce qui concerne les sections de renseignement, appelée S-2. Au *501st*, il ne s'agit que d'un petit groupe d'hommes de la taille d'un « *Platoon* » (35 hommes), divisé en petites sections de reconnaissance envoyés derrière les lignes ennemies, souvent pour faire des prisonniers. Au *502nd* et *506th*, la section est encore plus petite, mais les hommes partent rarement en expédition derrière les lignes allemandes. Ils demeurent en retrait à étudier les rapports pris à l'ennemi. Ces sections furent, durant la guerre, commandées par Benjamin Wax *(501st)*, George Buker *(502nd)* et William Leach *(506th)*. Chaque compagnie de commandement *(HQ)* disposait aussi d'environ 6 hommes dans une section S-2, dont un soldat parlant couramment allemand. Ces six hommes, commandés par un lieutenant, effectuaient de nombreuses patrouilles derrière les lignes.

Joe est décédé le 24 novembre 2013. Il avait reçu la légion d'Honneur en 2011.

Joe Pangerl et son blouson A2 orné du patch « *Widowmaker* » de son régiment.

10. Graignes

Graignes, paisible petit village en bordure des marais au sud de Carentan, sur le chemin de l'histoire, théâtre d'un dur accrochage.

*La petite commune de Graignes au cœur des marais du Cotentin appartient à l'histoire des premiers jours de la bataille de Normandie. Son nom recèle désormais une double signification historique. Il est hélas associé, un peu à la manière d'un Oradour normand. Mais il s'inscrit aussi dans une tradition héroïque toute américaine, à travers un fait d'arme qui évoque un peu El Alamo, quand 182 parachutistes vont choisir de tenir jusqu'à la dernière cartouche retranchés dans le village avec l'aide des civils français, pour ralentir, à défaut de stopper, l'arrivée en un point et à un moment crucial des combats quelques éléments d'une division SS chargée de rejeter les Américains à la mer en bloquant les jonctions des têtes de pont d'*Omaha *et* Utah Beach.

Symbole de l'engagement de la population de Graignes aux côtés des *Paratroopers*, la famille Rigault, ici photographiée en juillet 1944, après les combats devant leur ferme. Gustave le père, et ses enfants Marthe, Odette et Jean-Claude vont, à bord de cette même barque, récupérer une quantité importante de matériel américain largué dans les marais. Ils aideront ensuite à évacuer les survivants de la bataille, en en cachant vingt et un dans leur grange.

Captain Abraham Sophian, chirurgien du *3/507th Parachute Infantry, 82nd Airborne* : martyr de Graignes

Le *Captain* Abraham « Bud » Sophian Jr est né le 27 avril 1915 à Kansas City, d'une famille de médecins juifs très respectée de la ville. Bud est un type brillant, un « Renaissance Man ». Son cursus académique est sans faille ; à 14 ans, il intègre la Philipp Academy d'Andover dans le Massachussetts, une école préparatoire très élitiste. Puis c'est Stanford University, à Los Angeles, là encore une des écoles les plus renommée de la côte Ouest. Il y commence ses études de médecine, qu'il va poursuivre à Cornell, près de New York, une des meilleures écoles du pays. Bud excelle en tout, golf, natation, quarterback en foot, lutte... Il fait son internat à Mount Sinaï Hospital à Cleveland, et reçoit son diplôme en 1941. Il se marie quinze jours plus tard. Le 17 août 1942, Bud entre à l'armée comme *First Lieutenant* au *31st Medical Regiment* à Camp Berkeley au Texas. Il s'y ennuie ferme. Il veut faire quelque chose d'utile. Il se porte volontaire pour les *paratroops*, et se retrouve à la Parachute School de Fort Benning, avec le *507th PIR* en juin 1943. Il est affecté au 3e bataillon du *507th PIR* comme chirurgien, avec grade de capitaine. Il saute le 6 juin 1944 de l'avion N° 47, tail number 42-92773, de son Serial N° 25 de 72 avions du *53rd Troop Carrier Squadron* qui emportent le *RHQ* du *507th*. Son stick compte 16 hommes. Il saute en seconde position derrière le capitaine Richard Chapman. Le *Pfc* Franck P. Costa est le 9e de son stick. Il se retrouve au sol près de Graignes, au sud de Carentan. Rapidement, la force américaine compte 170 hommes du *3rd/507th* et une douzaine de boys du *501st PIR*, en tout 170 soldats et 12 officiers (d'aucuns disent 14 ??), plus un pilote de *Glider*, deux gendarmes français et 14 prisonniers basques, ainsi que deux soldats de la *29th Infantry Division*. Les officiers sont entre autres le *Major* Charles D. Johnson, le *Captain* Leroy D. Brummitt, S-3 du *3rd/507th*, le *Captain* Richard Chapman, les *First Lieutenants*, Elmer F. Hoffman et Earcle R. Reed, Francis E. Naughton, Lowell C. Maxwell, Elmer Farnham, Willard E. Chambers, H. Edward Wagner, *2nd Lt* William A. Comstock, George C. Murn *(501st)*... Au soir du **11 juin**, après avoir repoussé de nombreux assauts d'éléments de la *Götz* (du IIe bataillon du *SS-Panzergrenadier-Regiment 38)*, (1) les *troopers* survivants tirent une fusée de détresse depuis le clocher de l'église de Graignes. C'est l'hallali. Le *Captain* Brummitt donne l'ordre à tous les *troopers* en état de marcher de partir à travers les marais. Par petits groupes, entre 2 et 20 hommes, les paras, à court de munitions, tentent de se replier vers Carentan. Brummitt et Naughton réunissent près de 60 *troopers* autour d'eux. Vers midi le **12 juin**, des civils français leur ouvrent la route à travers les marais. Au soir du **13 juin**, ils font la jonction avec une patrouille de la *2nd Armored Division* près de Carentan. Le lundi matin 12 juin, des Waffen-SS investissent Graignes de tous côtés. Le *Captain* Bud Sophian est dans l'église. Trois GIs y sont couchés, grièvement blessés durant les combats. Quatorze autres le sont plus légèrement. Sophian sort de l'église en agitant un drapeau blanc. Il espère que les Allemands respecteront les conventions internationales. La suite est assez floue et sujet à contradictions. On peut cependant supposer que les trois blessés graves sont achevés à même l'église. Cinq autres blessés graves mais qui peuvent se tenir debout sont poussés hors de l'église vers une petite mare devant le café de Madame Boursier. Ils y sont massacrés à la baïonnette. Certains laissés pour morts agoniseront longtemps avant de mourir. Le père Leblastier et le Franciscain Charles Lebarbanchon sont assassinés en même temps que leurs aides, Eugénie Dujardin et Madeleine Pezeril. Selon des témoins, neuf GIs sont vus dans un champ près du Mesnil-Angot en train de creuser leur propre tombe. Ils sont assassinés d'une balle dans la tête. Les mois qui suivent sont marqués par une grande confusion. Du fait des combats, la population civile a été évacuée. Quand les témoins reviennent, le *« Grave Registration »* qui s'occupe des sépultures des soldats US est passée par là, récupérant les corps pour les inhumer dans des cimetières provisoires, dont celui de Blosville. Or, le corps de Bud Sophian ne se trouvait pas parmi les **neuf corps** exhumés au Mesnil-Angot. Il semblerait qu'il ait été séparé des *troopers*, pour l'emmener un peu plus loin et l'abattre sommairement, probablement en compagnie du *Captain* Loyal Bogart, *CO* de *B/501st*. Bogart avait été touché par la Flak juste avant de sauter. Il aurait pu rentrer en Angleterre. Il a préféré sauter, et s'est ainsi retrouvé dans l'enfer de Graignes. Le corps de Sophian a été enterré par un paysan à un kilomètre de Graignes sur la route de Tribehou.

Médecin, de confession juive, Abraham Sophian aurait pu demeurer sagement aux Etats-Unis. il se porte volontaire pour les *Paratroops* et choisit de son plein gré d'affronter les SS à Graignes après le retrait de ses camarades, pour protéger les blessés intransportables. Il paiera le sacrifice de sa vie, sommairement exécuté près de Tribehou en compagnie des deux autres officiers, Loyal Bogart et Charles Johnson.

(1) Seul, le IIe bataillon du *SS-Panzergrenadier-Regiment 38 (II./38)* est alors signalé, dans ce secteur, et seulement en approche. Le 10 juin : *« De faibles détachements du* II./38 (SS-Hstuf. *Rethmeyer) sont avancés au-delà du canal Vire-Taute, en direction d'Isigny-sur-Mer, jusqu'à Montmartin-en-Graignes. La* 8.(schwere)/38 *(compagnie lourde) atteint son poste d'observation sur la hauteur 35, sans subir d'attaque. Dans cette région, les détachements motorisés du* Regiment 38, *sont amenés à la suite. »* Selon l'historique de la division - paru en 2004 aux Editions Heimdal, par Jean-Claude-Perrigault, page 232. Aucun combat n'est signalé, du côté allemand, dans le secteur de Graignes. L'essentiel des combats a été mené contre Carentan, seuls quelques centaines de soldats allemands pouvaient se trouver dans le secteur de Graignes. Le mystère reste entier. (Note de l'éditeur)

Captain Loyal Bogart, *B/501st* : leader jusqu'au bout !

Le nombre d'hommes du *501st* restés présents à Graignes reste sujet à discussion. 18, 20 ? Ils appartiennent à la compagnie B et à la compagnie *HQ du 1/501st*. Le *Commanding Officer* de *B/501st* est du nombre. Le capitaine Loyal K Bogart est touché par la Flak dans son C-47 la nuit du 6 juin. Il insiste pour sauter avec ses hommes et se casse la jambe à l'atterrissage. Il parvient à rejoindre Graignes, au milieu des marais. Bien que blessé, il veut malgré tout se rendre utile. Placé dans l'école de Graignes, transformé en poste de commandement des 182 paras rassemblés à Graignes sous les ordres du *Major* Johnson du *507th PIR* de la *82nd Airborne*, c'est lui qui va jouer les opérateurs téléphoniques entre les différents avant-postes placés autour du village. L'école est bombardée sévèrement par les Allemands le 10 juin, au point que le plafond s'effondre sur Bogart et sur le *Major* Johnson du *507th*.

Lorsque les Allemands, probablement des éléments avancés, du *II.SS-Panzergrenadier-Regiment 38*, de la *17. SS Götz von Berlichingen* entrent dans le village, ils massacrent quatre civils et 24 *troopers* blessés, parmi lesquels des hommes du *501st*, le *Private* William H Love, *Hq/1/501 PIR*, Roy M Callahan, *T/4 Co B 501 PIR*.

Bogart est toujours en vie et extrait des décombres. Il est emmené en compagnie du chirurgien du *3/507th* Bud Sophian et de Johnson sur la route de Tribehou. Après les avoir interrogés, les Allemands les font s'agenouiller et leur tirent une balle dans la nuque. Les corps dissimulés par la végétation ne seront retrouvés qu'en 1945. Parmi les victimes également, Herb Weiss, Jimmie Millican, et Raymond Hoffman, tous du *HQ/1 501 PIR*.

A droite : le *Captain* Loyal Bogart, abattu à Tribehou, comme au moins seize de ses camarades, dont Herb Weiss **(ci-contre)** de sa compagnie B du *501st PIR*...

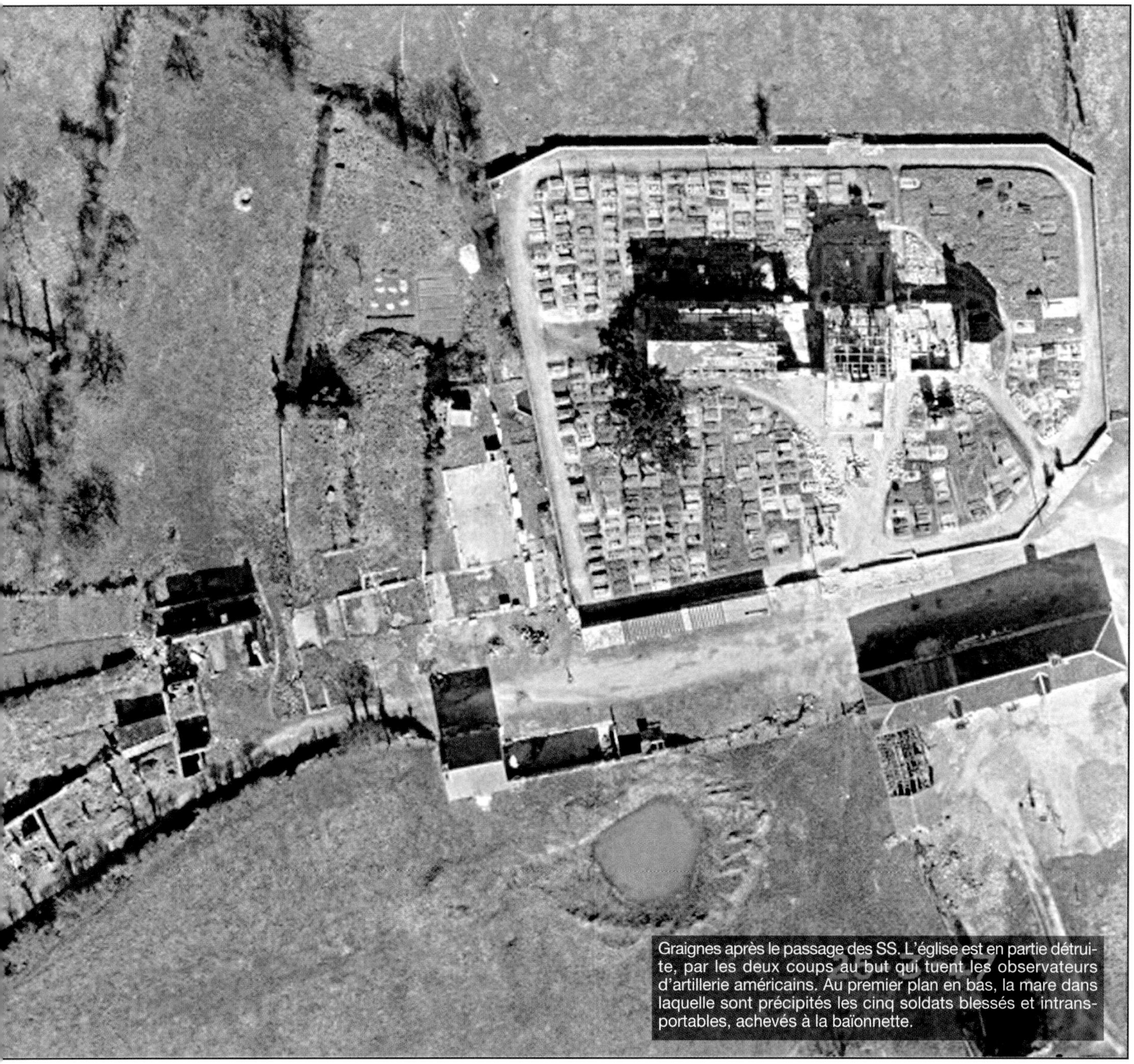
Graignes après le passage des SS. L'église est en partie détruite, par les deux coups au but qui tuent les observateurs d'artillerie américains. Au premier plan en bas, la mare dans laquelle sont précipités les cinq soldats blessés et intransportables, achevés à la baïonnette.

Autre vue de Graignes, avec à droite, le café Boursier, transformé en mess pour les soldats grâce à l'ingéniosité et à la diligence de Madame Boursier et du Maire Voydie. A gauche, l'école communale, qui servit de PC aux Américains.

EPILOGUE, POUR NE PAS OUBLIER

Ci-dessus : Carentan meurtrie mais libérée. La ville subira d'intenses bombardements américains dans la nuit du 10 au 11 juin, puis par l'artillerie allemande, durant plusieurs semaines après sa libération.

Ci-contre : ce sont bien les *Glidermen* du *327th Glider Infantry Regiment*, reconnaissables à l'insigne de casque, qui ont les premiers investi la ville aux premières heures du 12 juin 1944. Ici place Vauban.

André Boucherie, en noir, s'entretient avec les GIs à la libération de la ville…

« Bienvenue à Carentan » : le *Major* John Maginnis, Civil affairs and Military Government USA

Le *Major* John J. Maginnis était officier au sein des *Civil Affairs* et *Military Government* des USA durant la Seconde Guerre mondiale. Le CA/MG avait pour mission de contrôler et d'assurer la sécurité des populations civiles dans les zones de guerre ou d'occupation. Le 1er avril 1944, Maginnis est nommé commandant du détachement C (C2B1), comprenant 5 officiers et 9 soldats, affecté au *VII Corps*, *1st US Army*. Il allait être le premier officier d'un détachement des *Civil Affairs* à poser le pied sur le sol de France, affecté à la *101st Airborne Division*. Le 8 juin 1944, il débarque depuis un DUKW à *Utah Beach* et se rend au PC de commandement de la *101st* à Hiesville, où il rend compte au colonel Ned Moore, G-1 de la division. Ce n'est que le 11 juin que son détachement est autorisé à avancer vers Saint-Côme-du-Mont, d'où Maginnis assiste aux combats le long de la chaussée de Carentan pour la libération de la ville. Le lendemain lundi 12 juin, Maginnis entre en ville à bord de sa jeep. Extrait de son journal de guerre :

« *Suis entré dans Carentan à 11 heures à la tête de mon détachement des Civil Affairs. Me suis installé à l'Hôtel de Ville. Ai contacté le Maire, Monsieur Joret, le responsable de la police, le chef des pompiers et les officiels de la ville. Ai pris des mesures concernant les incendies, le nettoyage des rues et la restoration de la circulation. De gros progrès ont été accomplis. Le Maire Monsieur le docteur Caillard est mort. Pas d'électricité. Pas de distribution d'eau. Seules les pompes fonctionnent.* »

« *L'endroit était un foutoir. Des maisons étaient en feu, il y a fait des soldats allemands morts le long des rues, au milieu des monceaux d'équipement détruits. Les rues étaient bloquées par des éboulements de façades, ou par de grands trous béants. On entendait, venant du sud très proche, des coups de feu d'armes légères. Je suis allé directement à l'Hôtel de Ville, qui était en partie détruit, et totalement déserté. Je me suis mis en demeure de rameuter tous les officiels de la ville. Le maire adjoint, les chefs de la police et des pompiers, ainsi qu'un médecin se présentèrent. J'appris que le Maire, Monsieur Jean Baptiste Caillard, était décédé, tué par la bombe d'un de nos avions le 10 juin. C'est son adjoint, Monsieur Albert Joret qui le remplace. C'était un homme d'âge déjà avancé. Il était si estropié qu'il avait besoin d'une canne pour marcher. Il était vêtu tout de noir. Ses épaules étaient voûtées, et il portait une barbe blanche. En français, il me demanda si je parlais français. Je lui répondis par l'affirmative.* « Dieu Merci » *répondit-il,* « Je suis si heureux et soulagé car je ne parle pas un mot d'anglais. » *Me tendant la main, il dit en toute simplicité, et sans la moindre ironie, comme il l'aurait dit à n'importe quel visiteur ;* « *Bienvenue à Carentan.* » *Ce vieil homme avait toute sa vie vécu dans ce tranquille petit coin de France, et se trouvait à présent chargé d'écrasantes responsabilités par le maelström de la guerre. Après six jours d'angoisse terré dans sa cave, il en était ressorti pour voir sa ville détruite et remplie d'étranges soldats avec qui il ne pouvait communiquer. Ce fut le début d'une chaude amitié, que je chérirais toujours. Monsieur Joret me dit qu'il ferait tout son possible pour m'aider, et*

John Maginnis, officier délégué aux affaires Civiles de l'armée américaine, se prend d'amitié pour Carentan, qu'il va, de manière significative, contribuer à relever dès sa libération… Ici en septembre 1944

Image chargée de symboles pour la reconstruction de Carentan. Dans l'actuelle salle des mariages de l'Hôtel de Ville de Carentan, les acteurs de la reconstruction se réunissent : le *Captain* J. A. Herman, *British Army*, le Dr. Leon Simon, le *Major* John Maginnis, U.S. Army, et le maire de Carentan, Albert Joret, substitut du Docteur Caillard, tué lors des bombardements du 6 juin.

demanda à ses adjoints de faire tout ce que je demandais. »

Maginnis allait une nouvelle fois devoir quitter Carentan en urgence lors de la contre-attaque allemande du 13 juin qui parvint jusqu'au secteur de la gare. Il y revint dès le 14 juin et commença le travail de reconstruction et de réorganisation de la ville. Dans les années 1980, il remit au Musée Don Pratt de Fort Campbell la clé de l'Hôtel de ville de Carentan qu'il avait conservée en souvenir…

John J. Maginnis avait servi durant la Première et la Seconde Guerre mondiale, puis comme officier de réserve. Il fut lieutenant au sein du 301e régiment d'infanterie de la 76e Division d'Infanterie du Corps Expéditionnaire américain durant la Première Guerre en France. Il servit ensuite en Europe en 1944 avec le grade de *Major*, puis de *Lieutenant Colonel*, puis *Colonel,* en Normandie puis en Belgique, au sein du détachement des *Civil Affairs*. La *Civil Affairs division* devait assurer la sécurité et le bien-être de populations civiles en zone de guerre ou d'occupation, maintenir la loi et l'ordre. Elles devaient aussi s'assurer que les civils n'interfèrent pas avec l'opération militaire en cours. Une fois ces missions accomplies, les *Civil Affairs* devaient rendre l'autorité et le pouvoir aux instances civiles des pays concernés.

Military Government Journal – John Maginnis

Le général Troy Middleton, commandant du *VIII US Corps,* dont dépend la *101st Airborne Division* en Normandie, remet la *Silver Star* à Bruno Schroeder *(HQ/506th)* lors de la célèbre cérémonie du 20 juin 1944, place de la république, sous le regard du maire, Monsieur Albert Joret.

A compter du 20 juin, et à cause des tirs d'artillerie allemands qui tombent sporadiquement mais régulièrement sur la ville, l'état-major de la *101st Airborne Division* s'installe le long du bassin à flot.

Le *Chaplain* Tilden McGee, du 3e bataillon du *506th*, tient un service religieux place de la république, après les combats. Il sera fait prisonnier en Hollande.

Nicholas J. Neises *(F/502nd)*, ou la tragique fin d'un prisonnier de guerre en Normandie

C'est un épisode méconnu mais qui ressurgit douloureusement dans les Mémoires de ceux qui l'ont subi, l'agonie des paras faits prisonniers en Normandie, et conduis vers l'arrière à marche forcée, sujets aux mitraillages incessants d'avions pourtant alliés. Le *Technician 5th Grade* Nicholas J. Neises *(F/502nd)* est fait prisonnier dès les premières heures du D-Day près d'Ecausseville, loin de sa DZ. Il a tout juste 24 ans. Comme des dizaines d'autres *Troopers*, il va connaître l'horreur de la condition de POW en Normandie. Il est d'abord emmené en direction de Cherbourg, puis vers Bricquebec. Les marches sont épuisantes, sans eau ni nourriture, pieds nus sur les chemins de pierre car les Allemands leur ont enlevé leurs bottes. Les transferts par camion sont épouvantables, car les P-47 règnent en maître dans le ciel normand, et attaquent impitoyablement tout véhicule. Les gardes allemands plongent à l'abri dans les fossés, mais obligent les POWs à demeurer dans les camions. Le 11 juin, Nicholas « Bud » Neises marche en direction de Besneville en compagnie de 23 autres prisonniers. Soudain, deux Spitfires polonais surgissent en rase-mottes et ouvrent le feu sur la colonne de prisonniers. Nicholas est tué sur le coup. Il ne subira pas l'effroyable épisode des *Starvation hills* (collines de la faim) du dépôt de Remonte de Saint-Lô ou du Séminaire de Troisgots où les Allemands rassemblent et affament les prisonniers de la bataille de Normandie, dont un grand nombre de paras des *101st* et *82nd Airborne*. (1) Nicholas Neises était marié et père d'un petit garçon. Sa famille n'apprendra son décès qu'en août 1944. Pour la petite histoire, Nicholas avait été détaché comme garde du corps de Winston Churchill lors de la visite du Prime Ministre à la *101st Airborne* le 23 mars 1944 à Welford.

(1) Rappelons aussi que les conditions de survie des prisonniers de guerre allemands, dans les camps américains, et français, ont été terribles, 12 000 morts dans le seul camp d'Ebensee, en Autriche - beaucoup sont morts en captivité ou lors des opérations de déminage. (Note de l'éditeur)

Nicholas J. Neises, « Bud », *F/502nd*, tué le 11 juin par l'aviation alliée à Besneville ainsi que vingt-deux autres prisonniers américains.

André Ledran, un Carentanais dans la tourmente

C'est une chose méconnue, mais Carentan et ses alentours ont, dès juin 1940, connu les affres des bombardements, des tirs d'artillerie navale et de l'exode. Des épisodes douloureux qui allaient se reproduire avec une intensité considérable quatre années plus tard, au terme d'une occupation douloureuse. André Ledran a vécu ses années d'enfance au coeur de ces deux épisodes. Récit :

« Je suis né à Carentan en 1933 et j'y ai vécu jusqu'en 1949, date à laquelle je suis entré à l'Ecole Normale de Trouville.

Ma mère, mon père et leurs huit enfants, habitaient rue Giesmard, la rue qui vient du pont de Saint Hilaire, au numéro 23, juste avant la gendarmerie.

L'arrivée des Allemands en juin 1940 est une période de trouble. Il était inconcevable pour nous, et particulièrement pour mon père, Joseph, vétéran de 1914, que les allemands puissent arriver en Normandie.

La poussée des soldats allemands était précédée de nombreux réfugiés, dont quantité de Belges et de Hollandais, chassés par les combats. On craignait "la 5e colonne", les saboteurs allemands déguisés en civils, et les gendarmes arrêtaient beaucoup de Néerlandais pour les interroger. On craignait aussi les parachutistes. Les anciens, comme mon père, avaient leur fusil de chasse à portée de mains, prêts à pourchasser tout parachutiste. Il y avait aussi beaucoup d'anglais qui refluaient vers Cherbourg pour y rembarquer. Il y avait beaucoup de convois militaires qui encombraient la route Nationale 13, et qui passaient devant chez nous.

Cette photo nous montre la descente de la rue Holgate par les troupes américaines, en direction du passage à niveau dominé par la maison « Désiré Ingouf », en direction du sud et de la contre-attaque allemande. (US NARA)

Canon 6 Pounder du *81st Airborne AntiAircraft Bn* rue Holgate à Carentan. (US Army)

Les destructions visibles rue Holgate alors que les hommes de la *101st Airborne* marchent pour affronter la contre attaque allemande du 13 juin (US Army)

Ci-dessus : l'intersection des route d'Auvers et de Périers, axe d'approche du 2e bataillon du *506th PIR* lors de la prise de Carentan le 12 juin. (US Army)

Ci-dessous : petit répit pour ces troupes rue Holgate avant de marcher plein sud affronter les Waffen-SS de la *Götz*... (US Army)

Mon père travaillait à l'entretien de l'usine Gloria *à Carentan. On lui a demandé, en juin 1940, de maçonner des obstacles en béton pour arrêter les chars allemands. La volonté d'arrêter les Allemands était très forte, surtout pour mon père, qui avait gagné la guerre de 14. Cette génération de soldats de la Grande Guerre était, en 1940, en grand désarroi, incapable de comprendre comment la "Der des Der" avait pu nous conduire vingt ans plus tard à ce désastre.*

Résistance française sur la Douve

Il y a eu une belle résistance française aux ponts d'Ouve, menée par des marins (1). *Le pont sur la Douve a sauté, et il y avait des canons à Saint Côme.* Le Courbet, *vieux cuirassé de 1914, était dans la baie des Veys. Il bombardait les routes qui allaient à Carentan, pour ralentir les Allemands de Rommel. Léon Gauthier, l'un des futurs 177 commandos de Kieffer, était apprenti artilleur sur* Le Courbet *qui tirait sur Carentan. Un ami d'école a été tué par l'effet de souffle d'un obus de marine.*

Les combats ont cessé vers 15 heures le 18 juin 1940. La ligne de défense était organisée sur les passages de Prétot, de Carentan et de la Haye du Puits. Les Allemands ont été arrêtés là, bloqués le long de la RN13. Ils ont eu des pertes. Notre école provisoire était installée face à l'usine Javel et était percée d'impacts, témoins des combats de 1940.

Toutes les forces disponibles d'une *101st Airborne* exsangue convergent vers Donville et Méautis. Carentan libérée est sous la menace allemande. Les hommes descendent la rue Holgate vers le front. Ici, une colonne sanitaire suivie d'un véhicule allemand de prise. (US Army)

A l'arrivée des Allemands, mon père a décidé de partir. On est allé chez une cousine à Méautis, avec un certain nombre de familles. Les hommes de 20 à 40 ans étaient mobilisés. Il ne restait que des hommes de plus de 40 ans, qui avaient fait 14-18. Ils haïssaient les Allemands. Mais ils savaient rassurer la population. Ce sont eux qui, en 44, aménageront des abris, des tranchées, pour encadrer les populations. Il y avait dans ma rue beaucoup de veuves ou de femmes privées de maris. Ce sont les anciens qui les ont rassurées.

On est donc parti vers la route dite "des six chemins", par la route d'Auvers vers Méautis. Aux six chemins, qui est un carrefour, on s'est reposé un peu, près de la ferme de Sénoville. A ce carrefour, s'installait une unité d'artillerie allemande, pour tirer sur les ponts d'Ouve. Il y avait là un grand officier allemand, qui gueulait depuis son véhicule de commandement. Cette scène m'a marqué car je voyais

Troopers du *501st PIR*, probablement du 3e bataillon, font leur jonction avec le *506th PIR*. (US Army)

(1) Les combats de 1940 : Une colonne blindée de la *7. Pz.-Div.* de Rommel est arrivée dans la région de Carentan le 18 juin 1940 avec pour objectif le port de Cherbourg. Le vieux cuirassé *Courbet* s'est présenté vers cinq heures à l'entrée de la baie des Veys et l'a prise sous les feux de ses douze canons de 305 mm. Il lui a expédié 112 projectiles. La colonne n'a pu continuer vers le nord et a dû changer de direction, traverser le Cotentin d'est en ouest puis remonter vers Cherbourg par l'ouest de la péninsule.

Les 112 coups ont été tirés le 18 juin par le Courbet, en trois salves, entre 13 h et 19 h 30, le 18 juin:

- la première, de 38 coups, entre 13 h et 14 h 05, sur la route Isigny-Carentan, au carrefour de « la Fourchette ».

- la deuxième, de 33 coups, aux environs de 15 h, sur un carrefour situé au sud de Carentan.

- le tir suivant, de 41 coups, à 17 h sur le même objectif.

Il faut noter que *Le Courbet* n'est pas le seul à avoir ouvert le feu le 18 juin :

- *Le Léopard* et *Le Savorgnan de Brazza*, qui croisaient sur la côte ouest du Cotentin, ont tiré respectivement 44 coups de 130 et 90 coups de 138 sur la route Flamanville-Les Pieux, entre 12 h 10 et 12 h 35.

- les mêmes bâtiments ont tiré respectivement 56 coups de 130 et 66 coups de 138 sur Portbail, entre 18 heures 57 et 19 heures 39.

Aux alentours de minuit le 18 juin, le pont de Pont-L'Abbé a sauté. A 1 h 30, le Pont des Veys s'est effondré dans la Vire. A 2 h 30, ce fut au tour du Pont Douve d'être détruit.

Au Pont-Douve, au bas de la côte de Saint-Côme-du-Mont, la journée du 18 juin a été agitée, mais victorieuse ; les soldats du 208e Régiment d'Infanterie ont tenu les Allemands en échec avec le concours du cuirassé *Courbet* escorté des torpilleurs *Flore* et *Melpomène*.

La position de Saint-Côme-du-Mont, commandée par le lieutenant de vaisseau Bureau, comprend, le 18 juin :

- à Saint-Côme, la section hors-rang du capitaine Langlois.

- à la ferme Rampau, 80 marins, commandés par l'enseigne de vaisseau Blampain. Ces hommes servent un unique canon de 75, les trois autres attendus n'étant jamais arrivés sur la position.

- au pont de la Douve, trois canons de 75, sous les ordres de l'enseigne de vaisseau Bastard, deux mitrailleuses de 13,2, deux canons de 25 AC, deux mitrailleuses de 8 mm, deux FM. Il convient d'y ajouter une compagnie anglaise, avec deux fusils antichar, commandée par le major Moody.

- à l'écluse de la Barquette, deux mitrailleuses de 8 mm et deux FM.

A 7 h 30, le 18 juin, trois véhicules allemands sont détruits devant la position.

Comme toutes les positions des lignes de Carentan, les marins français déposent les armes, sur ordre, le 19 juin à 16 h 15, après la chute de Cherbourg.

La Résistance aux ponts d'Ouve aura notamment permis notamment aux 30 630 hommes de la *52nd Infantry Division* britannique et de la « *Norman Force* » de s'embarquer à Cherbourg et de rejoindre l'Angleterre.

Les parachutistes de la *101st Airborne* arrivent au niveau des soldats du feu, d'autres héros de Carentan... Ils tentent d'éteindre un incendie en mobilisant des adolescents pour pomper l'eau dans la lance à incendie.

mon père plein de haine pour le "boche". Il ne pipait mot car il se devait de protéger notre groupe. On s'est installé dans la paille chez notre cousine à Méautis. On y est resté deux jours, jusqu'à ce que la situation se calme.

Une année de privations

La vie a repris, dans l'occupation et sous les privations. La première année a été terrible car nous n'étions pas préparés. Je mangeai à la cantine, organisée par le secours national; et il n'y avait pas grand chose à manger. La cantine était installée non loin du cimetière, dans un ancien atelier de fabrication de balais, plein de poussière. Après cette première année, la population s'est organisée pour trouver à manger. Mon père savait ce qu'était l'agriculture. On avait un petit jardin derrière la maison, et l'usine Gloria, ainsi que la mairie, a ouvert des jardins d'ouvrier. On a pu s'organiser pour cultiver ces parcelles. Grâce à ces jardins ouvriers, on n'a pas souffert de la faim. Le grenier était entièrement occupé par les haricots, et les pommes de terre étalées sur le plancher. On récupérait les plateaux en bois qui servaient au transport des boites de lait Gloria. On s'en servait pour étaler au grenier les pommes de terre, les échalotes etc... on les triait, on jetait les pourris. On avait des lapins, qui présentent l'avantage de se reproduire très vite... les lapins nous ont sauvé. Des tickets de viande permettaient à ma mère de concocter un pot au feu le dimanche, qui faisait le hachis du mardi... et le reste, c'était du lapin. Des amis fermiers à

Montmartin nous donnaient du beurre. On a ainsi pu survivre à la guerre. On était huit enfants, plus la grand-mère et la cousine. On a pu nourrir tout ce monde sans trop souffrir de la faim, mais c'était un travail à temps plein, pour mon frère et mes parents.

La guerre se résumait à survivre, et aux mitraillages. L'alarme sonnait et on se mettait sous les tables. Plusieurs fois par mois, on subissait l'aviation anglaise, qui s'attaqua aux voies ferrés et aux gares. Les Anglais ciblaient les locomotives. Ils venaient très souvent, en rase motte depuis le marais et ciblaient les locomotives qu'ils mitraillaient. Il y a eu des victimes, dont à la femme Fortin. Cette famille Fortin n'a pas eu de chance. Jean Fortin a été tué en Allemagne où il travaillait pour le STO. Le père Fortin tenait un bistrot rue Torteron et sa femme a été tuée en juillet 1944 par un obus allemand. Carentan est restée sous les obus allemands jusqu'au 24 juillet 1944. Tous les jours les Allemands tiraient sur Carentan depuis Marigny. Ils

Moment de détente pour ces *Geronimos* du *501st* devant l'objectif du photographe des *Signal Corps*. (US Army)

cherchaient à bloquer le point de passage des convois US au pont de Saint-Hilaire. Un obus tombait toutes les trois minutes. Les Américains attendaient et passaient après ces trois minutes. La liste des victimes civiles s'étend jusqu'en juillet.

Il y avait des mouvements de résistance, celle-ci était essentiellement une résistance de renseignements. Il n'y avait pas les conditions pour organiser des maquis. L'usine Gloria *a brûlé en 1942. Elle travaillait pour les Allemands, et leur livrait du beurre. C'est la partie beurre qui a brûlé. On n'a jamais su comment, accident ou acte de résistance.*

Une occupation de plus en plus sévère

L'occupation, le long des côtes, était contraignante, et les hommes étaient souvent mobilisés pour aider aux travaux du Mur de l'Atlantique. Les pompiers allaient à Sainte-Marie-du-Mont, pour aider à creuser des trous dans le sable avec la pression de leurs pompes, pour y mettre des obstacles. Les hommes étaient aussi réquisitionnés pour garder les voies ferrées. Toutes les nuits, des hommes patrouillaient par deux le long des voies, pour éviter les sabotages.

On était très indifférent aux Allemands. On se sentait humilié, donc on ne voulait pas communiquer avec eux. Mon père ne l'aurait pas supporté. La

zone de Carentan était très densément occupée. Au départ, les Allemands envisageaient une invasion de l'Angleterre, puis ils se sont concentrés sur la défense des côtes. Les Allemands étaient respectueux de la population. Ils se tenaient correctement et, à partir de 1942, ils se tenaient encore mieux car ils craignaient d'être envoyés en Russie sur le front de l'Est en cas d'incartade. Donc, ils se comportaient au mieux.

Notre seul espoir, c'était l'arrivée des Anglais. Et nous croyions beaucoup en Churchill. On attendait tout de lui, et notamment notre libération. Il nous a fallu longtemps pour comprendre que les Américains seraient de la partie. On pensait que le débarquement aurait lieu dans le nord. On avait fait notre communion solennelle le dimanche d'avant le 6 juin, et deux copines de communion ont été tuées le 6 juin dès 13 h 30, les filles Lamy, par une bombe. Le 6 juin est donc pour moi synonyme de deuil. Toute la famille Lamy y est passée.

Ces photos nous montrent des paras de la *101st Airborne Division* ayant récupéré une moto chenillée *(Kettenkrad)* abandonnée par les paras allemands. Ce véhicule a beaucoup de succès auprès des parachutistes américains. (US Army.

Carentan au cœur des combats de la libération

Dès 6 heures du matin le 6 juin 1944, Carentan a été bombardée par des avions, notamment la gare. Une bombe est tombée Place de la République sur une boutique de marchande de laine, qui a été tuée. Puis à 13 h 30, il y a eu un second bombardement, qui visait les dépôts d'essence de Duval-Lemonnier. Des bombes sont tombées sur la rue des Villas, où trois familles ont été frappées, dont la famille Lamy. Deux autres familles ont eu des victimes. Ce même bombardement a tué le Docteur Caillard, Maire de Carentan. Il allait route de Saint-Côme et a été tué par le souffle d'une bombe de ce bombardement.

Pavoisé des couleurs françaises et américaines, le monument aux morts, place de la république, témoin des rencontres entre *Glidermen* du *327th/401st* et des parachutistes de la division. (US Army)

Encore un véhicule pris par des *Glidermen* aux parachutistes allemands, un Kübelwagen, non loin du passage à niveaux de la rue Holgate, sur la route de Saint-Côme. (US Army)

A 7 heure du matin, on nous a dit que c'était le débarquement. Beaucoup de gens voulaient partir. Notre père a dit que ce n'était pas la peine, car la bataille allait se généraliser sur tout le secteur. Il n'y avait pas de radio, et la première info est tombée le mercredi. Notre voisine était allée à Saint-Hilaire, et avait vu des parachutistes américains au lavoir de Saint-Hilaire ! La présence des Américains, parachutistes de surcroit, ce fut une révélation! Il y avait une grosse activité aérienne. Le docteur Simon travaillait avec les bonnes soeurs à l'hôpital et s'occupait des nombreux blessés civils. Tous les commerçants étaient partis, sauf le père Binet, le boulanger au coin de la rue Torteron et, avec ses commis, ils ont continué à faire du pain durant toute la période des combats. Mon père, qui travaillait chez Gloria, *avait piqué des saucissons que les Allemands entreposaient dans les chambres froides. Les magasins Duval Lemonnier avaient été bombardés, et il y avait pas mal de victuailles. Les magasins n'ont pas été pillés contrairement à ce qui a été dit. Les gens se sont servis, mais ils ont payé après les combats. On y a découvert d'importants stocks de savon, dont on avait été privés durant toute la guerre. Ma mère fabriquait son savon avec du suif et de la soude ! alors qu'il y en avait chez Duval Lemonnier.*

Nous sommes restés dans le cellier de la maison de ma grand-mère, un peu en retrait de la rue. Le 11 juin, les Allemands ont évacué Carentan, et y ont mis le feu avec des obus au phosphore ! Tout Carentan aurait pu brûler, mais les pompiers ont combattu les incendies [voir photos, page 102] *en les étouffant avec du sable. L'usine* Gloria *a ainsi brûlé une deuxième fois. On a subi des tirs d'artillerie américains, particulièrement rue Giesmard, notamment le 12 juin vers 5 heures du matin. Trois obus ont frappé les maisons où nous étions. Tout le pignon de la maison de ma grand mère a été emporté. Ma grand mère, qui dormait habituellement à l'étage, a accepté de dormir à la cave cette nuit là, et c'est ce qui l'a sauvé. Toute ma famille a survécu à tout cela sans une égratignure, alors que tant d'autres familles ont été totalement détruites, comme la famille Lamy. La chance, sans doute.*

Vers 7 heures le 12 juin, on a vu passer des Américains, des gars du 327th GIR *et qui entraient par la rue Giesmard. La joie était inimaginable ! Je me souviens d'un immense américain qui portait un poste de radio sur le dos. On avait des stocks de boites de lait* Gloria *cabossés et impropres à la vente, que mon père obtenait à vil prix en tant qu'employé de l'usine. Les hommes qui combattaient les incendies passaient à la maison boire ce lait qui servait d'antidotes aux effluves des incendies. On proposait ce lait aux américains, qui se méfiaient beaucoup, mais pas de* Gloria *qui avait été racheté par les Américains, et l'étiquette* Gloria *les rassurait !*

Enfin libres !

Ces premiers Américains n'avaient pas grand chose à nous donner car ils n'avaient plus rien après une semaine de combats. Le lendemain 13 juin, on nous a dit d'enlever les drapeaux car on annonçait le retour des Allemands. C'est là que mon père a décidé de partir. On est parti vers saint Hilaire. On ne voyait plus les Américains qui se battaient dans la périphérie face aux SS. Il y avait un pont de bateaux entre le pont de Saint-Hilaire et le pont de chemin de fer. On a vu le corps de cet Américain dans la côte de Saint-Hilaire. On est allé chez le père Maillet à la ferme Dumesnil vers Saint-Pellerin. Une unité anti-char américaine s'est installée devant la ferme, et on craignait le retour des Allemands. En fin de matinée, on a entendu le roulement des chars, et on a vu arriver la 2nd Armored. *On était heureux comme des fous. Ces chars ont sauvé Carentan. On a passé la nuit dans la paille et, toute la nuit, une unité d'artillerie américaine tirait pour soutenir la défense de Carentan.*

Carentan était d'une importance capitale pour les Allemands, qui ont tout fait pour la reprendre, et qui l'ont bombardé jusqu'à fin juillet. La cité a payé le prix fort, en destruction et en pertes civiles.

On est revenu le 14 juin, et on a vécu avec la menace de l'artillerie allemande, et la vie a repris normalement. On voyait les convois qui nous balançaient des chewing-gums, des conserves, du chocolat… et des oranges! Jusqu'à la libération, c'était un fruit rare, que l'on recevait uniquement à Noël, avec un sucre d'orge. C'est Madame Lécuyer, l'ancienne patronne de Gloria, *qui les donnait à ma grand-mère car elle faisait des lavages chez elle.*

Le 23 juin, nous nous rendions, avec mon frère Louis à la cérémonie place de la République [voir page suivante]. *Nous étions en retard et nous courions vers la Place de la République. Lorsque les premiers obus sont tombés, nous nous sommes mis à l'abri dans la boutique du père Chancet, le boucher, rue Torteron. On s'est planqué dans le couloir. Dix-neuf civils ont été blessés, et cinq habitants de Carentan ont trouvé la mort, dont la petite Danièle Laisney, âgée de 4 ans, que le* Medic *américain Bob Wright n'a pas pu ranimer.*

Danièle Laisney.

La place de la république accueillera trois cérémonies de remise de médailles, les 15, 20 et 23 juin 1944. Celle du 20 juin est la plus prestigieuse, en présence de Troy Middleton, onze soldats de la *101st* reçoivent la *Distinguished Service Cross* pour leurs actions lors des combats de la libération de Carentan. La petite Danièle Laisney est présente à la cérémonie, nous l'apercevons, tout à gauche, sur la photo **ci-dessus**.

Carentan est devenu un centre logistique pour les Américains. Place du Valnoble, il y avait d'énormes dépôts de toutes sortes de choses, et notamment des oranges ! Il y avait des pompiers américains rue Torteron, des soldats noirs avec qui on faisait, l'hiver, des batailles de boules de neige. Place du Valnoble était aussi un lieu de rassemblement pour des soldats remplaçants qui attendaient leurs unités. On allait le dimanche pour discuter avec eux. J'y ai rencontré un jeune soldat de Boston qui s'appelait Joseph Paradis, et qui parlait très bien français. »

Ci-contre : le colonel Howard Johnson, *CO* du *501st PIR*, reçoit le bouquet de remerciement d'une jeune Carentanaise, sous les yeux des trois autres commandant de régiment de la *101st*, John Michaelis *(502nd)*, Joseph Harper *(327th)* et Robert Sink *(506th)* le jeudi 15 juin 1944, lors d'une cérémonie entrée dans l'histoire sous le nom de *« 4 Colonels Ceremony »*.

Ci-dessus : Maxwell Taylor, *CO* de la *101st Airborne*, remet les *DSC* à ses quatre commandants de régiment, devant une compagnie du *327th GIR*.

LES CROIX DE CHEVALIER DES « LIONS DE CARENTAN »

Face aux *Screaming Eagles*, les paras allemands de von der Heydte, se sont illustrés brillamment et certains ont été titulaires de la prestigieuse Croix de chevalier de la Croix de fer *(Ritterkreuz)* et tout d'abord leur chef, le *Major* et Baron **Friedrich August von der Heydte**, qui s'illustra, comme parachutiste, dans toutes les campagnes (à l'Ouest, Crète, Afrique du Nord) et reçut le *Ritterkreuz* le 9 juillet 1941. Le capitaine **Horst Trebes** (*Kdr.* du IIe bataillon) fut lui aussi de toutes les campagnes, dont la Crète, ce qui lui a valu de recevoir le *Ritterkreuz* le 9 juillet 1941 ; il sera tué le 29 juillet 1944 à Saint-Denis-le-Gast. Le lieutenant **Helmut Wagner**, combattit en Hollande, en Crète - ce qui lui vaudra l'attribution du *Ritterkreuz* le 24 janvier 1942 ; il sera tué le 7 juin 1944 à Saint-Côme-du-Mont, par un tir d'artillerie. Le capitaine **Rolf Mager** combattit aussi en Crète, en Italie, commandera le *III./FJR 6* et décédera de ses blessures le 1er janvier 1945. Un simple sous-officier, l'*Oberfeldwebel* **Alexander Uhlig**, combattra à Carentan et prendra le commandement de la 16e compagnie à la mort de son chef, sera décoré du *Ritterkreuz*, le 29 octobre 1944, pour avoir lancé une contre-attaque à Carentan avec 35 de ses chasseurs parachutistes.

Georges Bernage

Vue de la place de la république lors de la cérémonie des 4 Colonels le 15 juin.

REMERCIEMENTS - BIBLIOGRAPHIE

Ce livre se veut une synthèse des principaux écrits sur la bataille de Carentan.

Mes remerciements les plus vifs à Mark Bando, l'homme qui, depuis près de quatre décennies, recueille, conserve et partage les souvenirs des combattants de la *101st Airborne Division*.
A l'heure où disparaissent les derniers témoins de la bataille de Carentan et des autres théâtres d'opérations de la *101st Airborne*. Le savoir millimétré de Mark Bando est d'une inestimable valeur.
Ian Gardner est le prolifique auteur de quatre ouvrages sur le 3e bataillon du *506th PIR*.
Son savoir n'a d'égal que sa bonne humeur.
Merci à Michel Quilez pour son aide précieuse.

Ian Gardner - *Roger Day, Tonite we die as men*, Osprey, 2009.
Ian Gardner, *Airborne, the combat story of Ed Shames,* Osprey, 2015.
Kevin Brooks & Don Rich, *Glider Infantry man*, TAM, 2012.
Mark Bando, *The 101st Airborne at Normandy*, MBI, 1994.
Mark Bando, *101st Airborne, the Screaming Eagles at Normandy*, MBI, 2001.
Mark Bando, *Vanguard of the crusade*, The Aberjona Press, 2003.
Mark Bando, *Avenging Eagles*, Edwards Brothers Printing, 2006.
George Koskimaki, *D Day with the screaming Eagles*, Casemate, 1989.
Donald Burgett, *Currahee!*, Presidio, 1999.
Robert Bowen, *Fighting with the Screaming Eagles*, Greenhill Books, 2001.
Rapport&Northwood, *Rendez vous with Destiny*, The battery Press, 1948.
Clancy Lyall, *Siver Eagle*, Pneuma Springs Publishing, 2013.
Marshall SLA, *Night Drop*, Atlantic Monthly Press, 1962.
Robert J. Houston, *D Day to Bastogne*, Exposition Press, 1980.
Layton Black, *The last First Sergeant*, Griffith Publishing 1998.
Lawrence Critchell, *Four stars of Hell*, Ballantine Books, 1947.
James J. Sheeran, *No surrender*, Berkley Publishing, 2011.
Thomas M. Rice, *Trial by Combat*, Author House 2004.
Paul Woodadge, Angels of Mercy.
Charles H. Young, *Into the valley*, Printcom, 1995.
Gary N. Fox, *Graignes*, Gray Printing, 1990.
Tragedy at Graignes, Margaret & Dennis O'Leary, Universe books, 2011.
William True, *The cow spoke french*, Merriam Press, 2002.
G. William Sefton, *It was my war*, Sunflower University Press, 1994.
Francis Sampson, *Look out below, 101st Airborne Division Association*, 1958.
Thomas H. Taylor, *The simple sounds of Freedom*, Random House, 2002.
Gerald Devlin, *Paratroopper,* Robson Books, 1979.
Clay Blair, *Ridgway's paratrooper*, Naval Institute Press, 2002.
William B. Breuer, *Geronimo*, St Martin' Press, 1989.
Maxwell D. Taylor, *Swords and Plowshares*, Da Cap Press, 1972.
Matthew Pellett, *Last stop before Destiny*, 2014.
Matthew B. Ridgway, *Soldier*, Harper and Brothers, 1956.
Martin K A Morgan, *Down to earth,* Schiffer Military books, 2004.
Terry Poyser, *Fighting Fox Company*, Casemate, 2013.
John J. Maginnis, Military Government Journal, University of Massachusetts Press, 1971.
Robert K Wright Jr, John T. Greenwood, *Airborne forces at war*, Naval Institute Press, 2007.
Volker Griesser, *Les Lions de Carentan*, Heimdal, 2005.
Jerome Preisler, *Firts to Jump*, Berkley Publishing, 2014.
Michel De trez, *les casques parachutistes américains*, Histoire et Collections, 2014.

Photos : Rémi Martin

Achevé d'imprimer en avril 2019 sur les presses de l'imprimerie de Champagnes (Langres), pour le compte des Editions Heimdal, Georges Bernage, éditeur.